http://www.edicionesinvasoras.com

Imagen de la portada: Jaume Marcos.
Escultura: Ana Soler.

DL ZA 30-2025
ISBN: 978-84-18885-54-9

INDUSTRIA

Xavier Puchades

Sería maravilloso vivir sin cuerpo

En los textos dramáticos de Xavier Puchades siempre está presente una mirada antropológica sobre nuestro tiempo. A veces, se trata de una radiografía generacional (*Èxit [després de les eleccions]*); otras es una tragicomedia sobre la clase política (*Saqueig*); una miniatura a propósito de la gentrificación salvaje de la ciudad (*Una indígena els va guiar a través de les muntanyes*, junto a Begoña Tena); o del capitalismo caníbal que ha fagocitado cualquier acuerdo social (*Els nostres*, junto a Tena, Patrícia Pardo y Juli Disla). Se nota, también, en su querencia hacia el trabajo de dramaturgos de alto voltaje político como Guillermo Calderón -al que adaptó en *Classe*- o al Georg Büchner de *Woyzeck*, con el que dialoga el texto que vais a leer a continuación: *Industria*.

Al comienzo de la obra, se nos indica que su protagonista, Gómez, es un soldado raso. La primera escena sucede en 1995, en plena Guerra de Bosnia. Lo que encontramos es lo más parecido a un no-lugar, un cuartel prefabricado cerca de un campo de refugiados. Las voces de los niños famélicos al otro lado del escenario amplifican, ni que sea en forma de metonimia, todo ese horror que ha dejado al Capitán (¿de qué?, ¿de quién?, ¿de dónde?) sumido en una melancolía. Gómez, en cambio, es un personaje lacónico. Interviene lo justo y, diríamos, sus palabras carecen de coloración moral.

El texto abarca las guerras y conflictos que han surcado la última parte del Siglo XX y el comienzo del XXI. En las primeras escenas funcionan, prácticamente, como escenarios. Son contenedores cerrados que arropan las tragedias de sus personajes, desde el Capitán hasta Masha, esa mujer cuyo cuerpo está en venta -qué elocuentes son esas palabras de otro personaje, bien entrada la obra, cuando afirma, a propósito de la guerra, que "sería maravilloso vivir sin cuerpo". Gómez, entretanto, solo escucha. No es indolencia, ni tan siquiera brutalidad. Es una cuestión de ética.

Al leer el texto de Puchades recuerdo cómo Martin Heidegger, agarrándose a la etimología, proporcionó otro origen para la palabra ética. Aquí *ethos* se refiere a residencia, lugar donde se habita, el hogar. Es la raíz de donde brotan todos los actos humanos. Dicho así, hablar de ética es impensable sin el espacio. Durante buena parte de la obra, Gómez es un personaje sin origen, desplazado y paulatinamente deshumanizado. Uno de tantos engranajes de la industria. No se trata de una disculpa, más bien es la constatación de la dificultad de encontrar la ética en un hombre sin hogar, en constante movimiento, entregado a un trabajo cada vez más terrible. Un hombre que cada vez es menos humano, quizá porque inadvertidamente pasa a formar parte de ese complejo proceso por el que nos convertimos en correas de transmisión de tantas manifestaciones reprochables. Sin necesidad de apelar a la industria armamentística, lo podemos comprobar en la abulia y la falta de voluntad con la que hemos dejado que las diferentes encarnaciones del neoliberalismo secuestren o cancelen cualquier otro horizonte social, político y, en definitiva, humano.

Resulta significativo observar cómo evoluciona el texto: durante las primeras escenas, uno piensa en esa Europa asfixiada que tan bien han retratado cineastas como Ulrich Seidl, sin piedad alguna hacia un elemento humano que ha demostrado su completa inutilidad. Los diálogos son rápidos, afilados, tal vez también terminales -es la sensación de ver una escena en proceso de desintegración; los personajes aparecen solo para advertirnos de que van a desaparecer, como si se perdiese un trocito de su conciencia social. Gómez atiende, observa, anota con la paciencia de un contable, pero también narra una *actitud* a través de esa falta de acción. Narra su deshumanización. No en vano, a diferencia del resto de personajes, es el único que no habita ninguno de los espacios. Y, sin embargo, Puchades lo erige en una poderosa metáfora para explicar nuestro tiempo. O dicho de otra manera, cómo esa abulia, ese sentimiento de vacío que han alimentado tantas generaciones perdidas, se ha convertido en el combustible con el que algo tan abstracto como el Poder se ha *apoderado* del escenario, del lugar, del hogar. Visto así, la gran tragedia del personaje de Gómez no es tanto que sea un amoral, sino que no perciba su transformación en engranaje de esa fuerza invisible que opera sobre el tablero geopolítico.

Es por eso que la evolución dramática de *Industria* resulta tan interesante: lejos de hundir a Gómez en el escenario intercambiable de un conflicto bélico inacabable, lo que Puchades lleva a cabo es una transformación. Tal vez la palabra no sea catarsis, pero sí algún tipo de liberación. De pronto el texto se vuelve más teatral, prolijo en voces, espectros, fantasmas del pasado y alegorías que toman la forma de un brazo o un buitre, de un niño o un cóndor. Aquí el texto gana espesura moral, porque su personaje ya no da más de sí; es tanta la deshumanización que necesita quebrarse, romperse, recuperar las palabras, el lamento, la expresión del dolor y encontrar a través de todo ello no sé si la idea de un hogar o el sentido de la tragedia. Puede que ambas cosas. Nada más actual que el sentimiento de ser, al mismo tiempo, víctima y perpetrador.

Antes decía de Guillermo Calderón, una de las lecturas de Puchades, pero también se podría hablar de Wajdi Mouawad y su forma de actualizar la tragedia griega. De trasladar a un contexto familiar para calibrar su fuerza, su *actualidad*. El último tercio de *Industria* me recuerda esta idea, ya que todo suena más potente, escrito con ese ardor con el que se defiende la idea del drama; mejor dicho, la necesidad del drama. Todo suena alegórico, metafórico, de otro tiempo. Y, sin embargo, lo que sentimos es como observar a un fantasma que va asumiendo gradualmente una forma material -esta imagen, por cierto, se la debemos a Mark Fisher. Un personaje que parte de la deshumanización para construir un largo, a ratos violentísimo, lamento sobre la humanidad. Corrijo: sobre la humanidad entendida como industria. Proceso. Correa de transmisión de un Poder abstracto, el más terrorífico de todos.

Industria es un texto de actualidad, todos los de Puchades lo son. Su criatura protagonista vive abandonada a una soledad, igual que las protagonistas de *Èxit (després de les eleccions)* celebraban su fracaso generacional o el reparto coral de *Els nostres* la crisis ante la falta de exigencia política. Todas ellas son encarnaciones de una tragedia contemporánea, que dibuja tanto el olvido de una conciencia de clase como la derrota frente a ese sistema que ha logrado erosionar la imagen de un futuro, de cualquier futuro, a costa de ahogarnos en un presente permanente o en la nostalgia por un pasado que nunca, jamás, fue como lo recordamos. El presente de este texto, lo veréis a continuación, es la guerra permanente. La deshumanización. Esa ética que en verdad se ha perdido porque ha desaparecido un lugar del que brotar. El teatro, entonces, es el remedio para que la tragedia no quede únicamente en lamento. El potente altavoz con el que Xavier Puchades ilumina los claroscuros de la cosa humana. Esa sustancia humana, también moral, que como la ética necesita de un espacio. Las siguientes páginas.

Óscar Brox
Editor de Revista Détour
Valencia, 1 de enero de 2025

Industria. Arsenal para disparar sobre el espectador [1]

Industria está dividida en nueve fragmentos que recorren desde Bosnia (1995), pasando por Kosovo (1999), Sierra Leona (2000), Iraq (2003), Afganistán (2008), todos los desiertos de Oriente Próximo (de 2009 a 2018 y unos puntos suspensivos que nos ponen en alerta), una plataforma petrolífera en mitad del Golfo Pérsico (2019) hasta llegar, en el último fragmento, a una selva Colombiana (2020). El autor ha descartado una división convencional en escenas -o, al menos, a indicarlo así- y ha escogido hacerlo en "fragmentos", palabra que tendrá un determinante carácter teatral pero también conceptual. Si buscamos la palabra "fragmento" en el diccionario del Institut d'Estudis Catalans (IEC), encontramos tres entradas:

> *1 m.* [LC] Trozo de algo roto. *Un fragmento de una estatua.*
> *2 m.* [LC] Parte extraída, que se publica o se cita de una obra.
> *3 m.* [MU] Parte de una obra musical.

Xavier Puchades es un gran conocedor de los mecanismos y engranajes dramatúrgicos, de la articulación de lo que llamamos teatralidad; aun así, no ha querido construir una obra formada por las convencionales "escenas" que nos habrían llevado directamente a una división tradicional y al concepto de representación. Hay teatro, sí, pero aquí manda el discurso y la temática. El destrozo de una guerra es enorme. Lo deja todo hecho trizas. Ante este paisaje triturado es absolutamente oportuna la división en "fragmentos" que en las dos primeras definiciones recogidas indica el concepto de "algo roto" y de "parte extraída". Al mismo tiempo, en la obra, por su construcción interior y musicalidad también resuena y es especialmente adecuada la tercera definición del

1 Este texto, escrito originalmente en catalán, forma parte de la introducción a las publicaciones de los cuatro textos surgidos de la tercera edición del Laboratori de Dramatúrgia Insula Dramataria Josep Lluís Sirera en 2020, organizado por el Institut Valencià de Cultura.

IEC. Son nueve fragmentos que nos hacen viajar por un mundo destrozado por el que circulamos a través de Gómez, un soldado mercenario en el papel de una especie de guía turístico para el lector-espectador, el cual transita por estos paisajes temporales y concisos en una atemporalidad difusa y fantasmagórica, próxima a la del protagonista de la elogiada película italiana de 2018, *Lazaro Felice*, con guion y dirección de Alice Rohrwacher (Fiesole, 29 de diciembre de 1981).

Cada uno de los nueve fragmentos, aparece siempre en un formato que nos proporciona diferentes indicadores. En primer lugar, todos están localizados en grandes geografías en conflicto y, a la vez, en pequeñas microgeografías o localizaciones para que surja el conflicto dramático -desde una habitación de hotel, una plataforma petrolífera, un museo o una cueva- que también resultan útiles como indicadores temáticos y escenográficos. En segundo lugar, todos los fragmentos aparecen perfectamente datados de manera que conforman una cronología del desastre bélico, intermitente en las geografías, pero en permanente continuidad en el tiempo. Llama la atención que se dediquen dos fragmentos a Sierra Leona mientras que en el caso del fragmento de Oriente Próximo se acumulen los años, convirtiéndose en un ciclo perpetuado y que el autor, muy conscientemente, acaba con unos puntos suspensivos, como también podría hacerlo con un símbolo de infinito. Finalmente, el tercer indicador, mucho menos frecuente en términos escénicos, es la temperatura que oscila entre los 6 grados, la más baja, en Kosovo, hasta los 53 grados, la más alta, en Oriente Próximo. Los signos climatológicos en teatro me parecen menos habituales y, en cambio, resultan muy sugerentes. Este tercer indicador, en los que gana en presencia las altas temperaturas, también estimula una teatralidad térmica (y una determinada interpretación actoral) y tiene además connotaciones analíticas y periodísticas por su uso como "punto o zona caliente" en referencia a zonas en conflicto.

Recuerdo que en la selección de los participantes de la tercera edición del laboratorio Insula Dramataria Josep Lluís Sirera (2020), entre las razones que más me atrajeron del proyecto de Puchades fue su naturaleza de cariz filosófica y su voluntad más claramente política respeto al resto de opciones presentadas. El reto era mayúsculo y, sobre todo, cuando nos encontramos como resultado un material donde cada uno de los nueve "fragmentos" podría ser desarrollado como una sola obra, ya que Puchades dispara hacia muchas cuestiones. Abro paréntesis para decir que he escrito "dispara" con toda la intención porque el autor ha articulado una obra sobre la industria bélica y sus reglas de juego, enmarcadas dentro de las salvajes dinámicas capitalistas, con la pretensión de disparar sobre el espectador. Ametrallarlo. Bombardearlo. Es un recorrido escénico donde el arsenal son las palabras, ideas e imágenes y donde se quiere abrir fuego contra el público sin concesiones, desafiándolo como si se tratara del enemigo. A muerte. El armamento que dispara parece provocar, incluso, que el autor decida obviar los signos de puntuación que establecen espacios de pausa. Parece como si quisiese que las palabras fueran disparadas como balas perdidas. Únicamente mantiene los signos de exclamación e interrogación que, aunque tampoco generan pausa, sí tienen un efecto conciso y directo sobre el otro, una vez han sido ejecutadas-disparadas. A pesar de que, como he dicho, hay material más que suficiente para un mínimo de nueve obras (o más) algunas ideas persisten en todo el texto y ya aparecen desde el principio como el concepto de negocio (y por tanto de industria, que da título al texto) o la imposibilidad de un mundo sin guerras.

CAPITÁN
El ventilador es correcto
El clima
incorrecto
(Pausa)
Un campo de refugiados
es una buena plantación
para nuevas guerras
(Pausa)
¿Qué hacemos aquí?

Gómez prepara la mesa para un comensal.

GÓMEZ
Es un buen regalo de Navidad
traer por fin la paz

CAPITÁN
Sin armas
no existe la paz

GÓMEZ
Hay un vacío enorme
en el mundo, capitán

Del exterior, llegan voces de niños que sacuden ligeramente una valla metálica.

CAPITÁN
Ya vuelven a golpear la valla

GÓMEZ
Es normal
hace cuatro años
que no comen

CAPITÁN
¿Y tienen que mamar
de nuestros pechos?

GÓMEZ
En mi país
de pequeños
en lugar de leche
nos dan café
Somos un pueblo muy nervioso

CAPITÁN
Míralos
se van a lastimar

Gómez sale hacia la cocina. Capitán deja de mirar por la ventana y dejan de escucharse los ruidos de los niños.

CAPITÁN
Tal y como yo lo veo
esta guerra no acabará
nunca
El ser humano
es un abismo, Gómez
Si te asomas a su interior
da vértigo
Huele muy bien
¿Qué cocinas?

"¿Qué hacemos aquí, Gómez?", dice el capitán en este primer fragmento. Personalmente, es una réplica que me parece especialmente significativa, pienso que bien podría iniciar el texto como un interrogante de obertura a la espera de ser contestado a lo largo de toda la obra, a pesar de saber que encontrar una respuesta es imposible. Esta pregunta sin respuesta la podría plantear cualquiera de los personajes a Gómez, desde el capitán, pasando por Masha, la doctora, el buitre muerto o, por qué no, el brazo o las voces que escucha Gómez en su cabeza. De hecho, es un interrogante que reaparece bajo diversas apariencias. Creo que, si uno se encuentra en medio del sin sentido de un conflicto bélico, uno de los grandes interrogantes que puede plantearse es, precisamente: ¿qué hace allí? De esta gran pregunta se derivarán otras como, por ejemplo, cuestionarse cómo se ha llegado a esa situación (individual y colectivamente), qué papel jugamos entonces o si hay o habría habido otras opciones. En todo caso, es una pregunta de una contundencia enorme cuando la formula el capitán al soldado. Y no la plantea como una pregunta hacía sí mismo o dirigida al otro, sino como una pregunta que los engloba a los dos y que podría incluir, al mismo tiempo, a todo el conjunto de personas que participan en una guerra (incluidos los lectores y espectadores). La pregunta volverá a aparecer, formulada por Gómez a la doctora con quien dialoga en Sierra Leona y habrá alguna variante más, como en la escena de Oriente Próximo, en la que el soldado le pregunta al niño: "¿Qué lugar es este?" Pregunta que podría proseguir perfectamente con un reincidente: ¿Qué hacemos aquí?

Hubo momentos durante los meses de confinamiento estricto, entre marzo y abril de 2020, en los que pensaba en cómo estarían evolucionando en estas circunstancias los textos y la escritura de los autores del laboratorio Insula Dramataria. Recuerdo un día que me vino a la mente algunas de las reflexiones que disparaba Puchades en su obra. En un mismo día, me llegaron vía *WhatsApp* un par de vídeos, cada uno de más de cinco minutos, registrando Roma y Florencia con un *dron*. Eran dos ciudades fantasmagóricas, sin presencia humana por sus calles, tampoco de vehículos. Era de una belleza terrorífica. Aquellos días todo el mundo se había detenido y veíamos muchas imágenes de diferentes rincones del planeta desertizados de seres humanos y casi daba la impresión de estar asistiendo a la visión de unos paisajes congelados. Entonces, pensé: ¿Este virus habrá provocado también el congelamiento de los conflictos bélicos? ¿La pandemia habrá dado una tregua imposible, aunque sea solo de unos minutos, unas horas, quizás unos días o, incluso, una o dos semanas? ¿Cuánto tiempo podría durar una tregua global? Seguramente, tal y como dice Puchades, en este abismo que es el ser humano, la guerra no acaba nunca. Por tanto, posiblemente llegaríamos a la conclusión de que, en este mundo nuestro e incomprensible, la guerra es un bien de primera necesidad. Una de las pocas industrias, como la alimentaria o la farmacéutica, que permanece abierta 24 horas bajo cualquier circunstancia y sin que sea posible detenerla.

Xavier Puchades ha construido un texto ambicioso ideológica y formalmente donde evidencia con total intención el material de punto de partida, el *Woyzeck* de Georg Büchner (Goddelau, 17 de octubre de 1813 - Zuric, 19 de febrero de 1837). Los elementos de este clásico en los que se refleja son claros y el autor los coloca en el epicentro: el soldado como protagonista, las voces en su cabeza, o la luna que emerge y adquiere una fuerte presencia como elemento metafórico, a veces simbólico y con un manifiesto valor narrativo. Son guiños a la conocida pieza de Büchner, pero sin renunciar nunca a la autonomía del propio material, generando una obra genuina y original a pesar de las referencias. Llama la atención y resulta significativo que Georg Büchner muriese sin acabar *Woyzeck*. Posteriormente publicada de forma póstuma, se ha señalado el estado "fragmentario" en que quedó esta obra, calificando sus diferentes publicaciones como "ediciones completadas". No deja de ser curioso que, de nuevo, aparezca el concepto "fragmento", en este caso "fragmentario", que escoge el autor como piedra angular de la estructura. Aun así, su voluntad no es completar ni adaptar el texto de Büchner, sino hacer un texto propio en el que el lector o el espectador con más entrenamiento teatral sentirá una extraña percepción, la de estar transitando y descubriendo un paisaje nuevo, pero sin abandonar nunca una sensación de *déjà vu* o de estar oliendo una fragancia reconocible. Pasará por el efecto Büchner, pero también por el efecto que produce la crónica periodística geopolítica de las últimas dos décadas. El recorrido bélico que nos ofrece Puchades recoge los últimos veinticinco años, una selección que nos explota en la cara como el resumen de nuestro último cuarto de siglo. Para un espectador joven, toda una vida. Quizás, y según como sea de joven, incluso más tiempo.

El tiempo para pensar que ha nacido en el horror. Para mí, prácticamente, la mitad de mi vida y, posiblemente, mis años de mayor consciencia. Para un espectador más longevo, será la constatación de que la visión del mundo y de la especie humana en el último tramo de su larga existencia no ha mejorado respecto a las anteriores etapas de su vida, la juventud y la edad adulta.

Encontramos también juegos de teatralidad interesantísimos como la escena de la doctora y Gómez, donde el soldado reproduce las voces en krio que escucha y resuenan en su cabeza, para él incomprensibles, y que son traducidas por la doctora. Una traducción que, por momentos, puede pesar como una losa.

GÓMEZ
We yu fala dɔg,
I kɛr yu go na dɔti boks

Se miran en silencio.

DOCTORA
Si persigues a un perro
te llevará
a la basura

Precisamente, esta sentencia nos recuerda que la animalización -en calidad de perro- de Gómez se irá haciendo cada vez más presente y visible. Esto, según cuál sea la opción de dirección, tendrá su consecuencia y teatralidad en el intérprete. Al igual que la sensación de que *Industria* tiene una evolución narrativa y formal en la que, a medida que avanza el relato, y traspasando el fragmento 5 en el interior del museo arqueológico, se articula y evidencia un cambio de registro. Puchades nos hace pasar de unas primeras escenas en las que los conceptos de situación y realidad son más identificables a un nuevo tramo en el que va ganando presencia el simbolismo, una cierta abstracción y una teatralidad más libre, más al servicio de generar imágenes e, incluso, de transformar cuerpos y personajes en un mismo fragmento.

Se escuchan los golpes a la puerta, los gritos humanos y animales, los disparos al aire. Lentamente, Gómez introduce una mano en su pecho y extrae su corazón sangrante. Ahora el latido retumba todavía más fuerte y el exterior calla. Gómez ofrece el corazón a Inanna. Ella lo coge, lo abraza sobre su pecho de piedra y comienza a bailar. El latido de dos corazones hace temblar el museo entero. Inanna danza un rato hasta que un disparo impacta en su espalda y cae al suelo. Gómez corre hacia ella y la abraza como una pietà. *Moribunda, Inanna habla con otra voz.*

MARE
Hijo mío
¿Recuerdas nuestros paseos
por una selva sin guerra?
¿Recuerdas mis manos
abrazar tus mejillas
para besarte la frente?

No fue buena idea
enviarte a la guerrilla
Quizás estaríamos hoy
los dos vivos
No fue buena idea
Quizás estaríamos hoy
los dos
muertos

Perdona

Te quiero igual
que se quieren
los árboles

Después de 6000 años, Inanna muere. Desde el fondo llega Andrei, un soldado armado con un equipo que le hace parecer un insecto. Lleva un fusil en la mano.

ANDREI
¿Qué haces abrazado
a unas piedras, Gómez?

Pienso en estos nueve fragmentos que nos ofrece Puchades como una pequeña recolección de una mínima parte de un montón de pedazos, escampados en una continuidad reinventada por esta industria constantemente revisada, reformulada y reinventada al servicio del negocio. Me vuelve una imagen a la cabeza, sugerida en la detención global provocada por el confinamiento, cuando ya conocía parte del material escrito por Puchades. En mi imagen mental hay un soldado. No sé qué fisonomía tiene. No he querido ponerle cara a Gómez. Tampoco sé si es Gómez. Podría serlo. O no.

El mío va cargado de munición y armas y se da cuenta de que el mundo se ha detenido y, por unos segundos, también lo hace el paisaje bélico que lo rodea. Él mismo se ha quedado congelado. Alrededor hay otros soldados. También congelados. Solo hay una posibilidad de articular un único pensamiento. Quizás se escucha. Quizás sentimos el pensamiento compartido de estos soldados, de estos obreros de la industria bélica: "¿Qué hacemos aquí?"

Josep Maria Miró
(Autor y director de teatro.
Asesor externo III Insula Dramataria Josep Lluís Sirera).
Berga, junio - septiembre 2020

INDUSTRIA

A Sonia Montero, in memoriam.
por ese viaje pendiente
en skoda hasta Sarajevo
que ya no podrá ser.

A quienes me acompañaron
en el laboratorio
Insula Dramataria Josep Lluís Sirera.

" ¡Cómo duerme,
esta criatura!
Cógela en brazos,
se le clava la silla.
Tiene la frente empapada
de gotitas de sudor...
Todo es trabajo bajo el sol.
Hasta dormidos sudamos,
¡nosotros, los pobres!"

Woyzeck
Georg Büchner

Personajes y voces

GÓMEZ

CAPITÁN

MASHA

DOCTORA

VOCES DE MUJERES

INANNA

VOZ DE MADRE

ANDREI

UN MAGNETÓFONO

UN BRAZO

HERMANA

NIÑO

BUITRE MUERTO

UN MEGÁFONO

UN DRON

CRÍA DE CÓNDOR

MADRE CÓNDOR

FRAGMENTO 1

NOVIEMBRE 1995. BOSNIA
INTERIOR DE UN CUARTEL PREFABRICADO CERCA DE UNA CAMPO DE REFUGIADOS
11 GRADOS

Oscuro. Un coro de niños canta una canción musulmana. El sonido de un helicóptero cercano que despega ahoga sus voces. Un último haz de luz invernal entra aburrido por la única ventana e ilumina una pared repleta de cajas de alimentos de ayuda humanitaria. Esta luz perfila también el rostro envejecido del CAPITÁN que observa melancólico el exterior. En el interior hay poca cosa: una mesa, una silla, una butaca de orejas y el soldado raso GÓMEZ que, cerca de la puerta de la cocina, sostiene un mantel mientras observa un ventilador descender del techo a medida que el helicóptero se aleja. Silencio, solo el aleteo del ventilador.

CAPITÁN
Otro helicóptero cargado de cajas
¿Qué haremos con tanta comida?
La única música que suena aquí
nace de las tripas de esos niños
¿Oyes cómo se agrietan?
Mira cómo se agarran a la valla
Vienen al olor de la comida
Son peor que los cuervos

GÓMEZ
Debería dejar de mirar
por la ventana, capitán

CAPITÁN
¿Qué hacemos aquí, Gómez?

Silencio, solo el aleteo del ventilador.

GÓMEZ
Hace un poco de frío
¿Apagamos el ventilador?

CAPITÁN
El ventilador es correcto
El clima
incorrecto
(Pausa)
Un campo de refugiados
es una buena plantación
para nuevas guerras
(Pausa)
¿Qué hacemos aquí?

Gómez prepara la mesa para un comensal.

GÓMEZ
Es un buen regalo de Navidad
traer por fin la paz

CAPITÁN
Sin armas
no existe la paz

GÓMEZ
Hay un vacío enorme
en el mundo, capitán

Del exterior, llegan voces de niños que sacuden ligeramente una valla metálica.

CAPITÁN
Ya vuelven a golpear la valla

GÓMEZ
Es normal
hace cuatro años
que no comen

CAPITÁN
¿Y tienen que mamar
de nuestros pechos?

GÓMEZ
En mi país
de pequeños
en lugar de leche
nos dan café
Somos un pueblo muy nervioso.

CAPITÁN
Míralos
se van a lastimar

Gómez sale hacia la cocina. Capitán deja de mirar por la ventana y dejan de escucharse los ruidos de los niños.

CAPITÁN
Tal y como yo lo veo
esta guerra no acabará
nunca
El ser humano
es un abismo, Gómez
Si te asomas a su interior
da vértigo
Huele muy bien
¿Qué cocinas?

Gómez entra y termina de poner la mesa.

GÓMEZ
Aún no lo sé, capitán
En mi casa
se hacía la hora de cenar
y nadie sabía
lo que comeríamos
a mediodía

Capitán camina hacia la butaca.

CAPITÁN
Olvida el pasado, Gómez
Hay que huir de la nostalgia
Hay que escapar del pasado

A partir de los veinte
el futuro se disuelve
A partir de los treinta
todo es pasado

Gómez sale. Se escuchan ruidos en la cocina. Capitán se sienta en la butaca, incómodo.

CAPITÁN
Esta guerra es tan
tranquila
Ya lo decía mi madre
¡Todas las guerras son
espantosas!
Aquí solo pienso en mi madre
Es insoportable
¡Insoportable!
(Pausa)
¿Piensas en tu madre, Gómez?

GÓMEZ (OFF)
Yo no tengo madre, capitán

CAPITÁN
No la recuerdas
porque aún eres joven
¡Qué bien huele eso!
Ahora mismo
¡me gustaría comer
hasta explotar!
Pero
he perdido el hambre
Y si pierdes el hambre
lo pierdes todo
Moriré de hambre
sin darme cuenta
La guerra no es espantosa
¡La vida es espantosa, Gómez!
Espantosa

GÓMEZ
(Se asoma)
Es sopa
creo

CAPITÁN
¿Sopa?
¿De qué?

GÓMEZ (OFF)
¡Aún no lo sé, capitán!

CAPITÁN
¡Sopa humanitaria!
Aquí solo comemos
ayuda humanitaria
¡Cajas enteras!
¿Para qué tantas?
¿Creen que comer esa basura
nos hará más humanos?
¡Esta empresa
nos quiere humanizar!
Me gustaría tanto
volver a hablar
con los animales
Aquí solo se puede
comer y pensar
¡Un asco!
(Se levanta)
¡Yo era un hombre de acción!
¡Hablaba con los animales!
Hasta hace dos días
estaba en África
¡Allí era tan feliz!
Aquí

CAPITÁN mira por la ventana. Se escucha gritar a los niños y la sacudida más fuerte de la valla. Gómez entra con una botella de vino, se detiene y mira hacia la ventana.

CAPITÁN
Míralos, Gómez
son como animales

GÓMEZ
Cada vez son más
tumbarán la valla

CAPITÁN
Huelen lo que cocinas
por eso muerden
la valla con rabia
Si consiguen entrar
nos comerán vivos
¡Y como en esta empresa
no nos dejan llevar armas!
(Pausa)
No temas
son musulmanes
no comen cerdo
(Mira las cajas y se dejan de oír los ruidos del exterior)
¿Has buscado bien?

GÓMEZ
Sí

CAPITÀ
¿Y nada?

GÓMEZ
(Sirve una copa de vino)
Nada

Pausa

CAPITÁN
¿Has ido a África, Gómez?

GÓMEZ
Yo vengo de otra selva, capitán

CAPITÁN
¡Tienes que ir a África!
(Va hacia Gómez)
Nigeria Angola Ruanda
¡Todo aquello es precioso!
¡Precioso!
La cuna de la humanidad
una cuna llena de muertos

Gómez sale a la cocina, Capitán lo sigue y se detiene ante la puerta.

CAPITÁN
Allí nos dejaban llevar armas
Aquí nos dejan sin hambre
Allí asistíamos al concierto
de los morteros
y de las metralletas pesadas
la dulce melodía de las armas ligeras
Aquí solo se escucha
el gruñido de todas esas tripas
Allí éramos alegres equilibristas
cruzábamos las vigas de los puentes
y nos desangrábamos entre risas
cazando diamantes salvando monjas
abriendo carreteras formando ejércitos
¡Una guerra artesanal!
Nos ganábamos el corazón de la gente
y aquella gente nos pagaba con amor
(Mira hacia la ventana)
Aquí somos animales desarmados
Esos críos nos abrirán en canal
jugaran con nuestros hígados
(Comienza a mover molesto las manos)
¿Qué haré con toda esta excelencia?
Yo soy un profesional, ¡hostia!
¡Y no sé qué hacer con las manos!
(Toca algunas cajas)
¿De verdad has buscado bien?
¿No has encontrado nada?

Capitán esconde las manos en los bolsillos y duda hacia dónde ir. Se queda a mitad camino entre la mesa y la butaca. Observa el vaso de vino. Gómez entra con una bote de conserva abierto en la mano. Todo se detiene.

GÓMEZ
Fabada

CAPITÁN
¿Qué?

GÓMEZ
(Muestra el bote)
No es sopa
Es fabada

Capitán se acerca y huele el bote. De nuevo, los niños en el exterior gritan y mueven la valla.

CAPITÁN
¡Huele a mi tierra!
¡A mi madre!
A partir de los treinta
solo queda el pasado
La madre es la única patria, Gómez
Y esta empresa
no es nada maternal

Pausa. Gómez sale a la cocina.

CAPITÁN
¿Y te pagan bien, Gómez?

Gómez entra con un plato de fabada que hierve y el exterior calla. Deja el plato sobre la mesa y se aleja hacia la ventana sin perder de vista la comida. Capitán, al otro extremo, observa cómo humea el plato. Los dos lo hacen un rato en silencio y a cierta distancia.

CAPITÁN
¿Te pagan bien?

GÓMEZ
En mi país trabajaba
veinticuatro horas al día
a cambio de nada
Aquí tengo un sueldo
no escucho voces
y traemos la paz

Silencio. Capitán decide irse hacia la butaca. Cada cierto tiempo, mueve las manos molesto.

CAPITÁN
De momento
solo me traes la comida, Gómez
(Se sienta)
Y hoy tampoco tengo hambre

Pausa. Los ruidos del exterior irán en aumento.

CAPITÁN
Yo que siempre serví
a mi patria
que por ella
me alisté a la legión
que siempre estuve
en el bando de los buenos
no como tú
me despidieron
"No os preocupéis
en la empresa privada
habrá mucho trabajo"
Yo que juré morir en combate
Hay que saber morir
Morir no es tan horrible como dicen, Gómez
¡Hay que saber morir!
Yo que formé parte de comandos
que luché contra terroristas
que traté de salvar colonias
y tras la Guerra Fría
¡Nos echaron a todos!
Miles de soldados parados por el mundo

Y aquí estamos ahora
en una guerra sin poder hacer la guerra
¿De qué me sirve cobrar un buen sueldo,
si no sé qué hacer con mis manos?
(Silencio)
Cuando hay paz afuera
por dentro
estoy en guerra

GÓMEZ
Fuera hay un gran vacío, capitán
Por eso trabajamos para la paz

CAPITÁN
(Se levanta)
Para imponer la paz, Gómez
¡Para imponer la paz!
El mundo nunca está en paz
La paz se impone
Los sacerdotes os impusieron
la fe con las armas
(Pausa. Mira hacia la ventana, le tiemblan las manos)
¿Tú crees en algo, Gómez?

GÓMEZ
¿En la ONU?

Capitán mira unos instantes a Gómez en silencio.

CAPITÁN
Eres tan joven
(Va hacia la mesa, se sienta)
En África gastábamos bromas
a los cascos azules
Decorábamos sus coches
con orejas y cabezas
Les robábamos las armas
(Pausa)
Todo ha cambiado tanto
Aquel mundo ya no volverá
Nosotros sí fuimos jóvenes

Tú ya eres viejo, Gómez
(Pausa)
Hoy los gobiernos
temen la muerte de sus soldados
Antes no les importaba nada
Por eso estamos aquí, Gómez
Para mejorar estadísticas
Quieren guerras sin bajas
ganar elecciones
(Pausa)
La ONU no es un ejército
Les dejan llevar armas
pero no pueden usarlas

Silencio.

GÓMEZ
La comida se enfría
¿Apagamos el ventilador ya?

CAPITÁN
No
(Mira un rato el ventilador)
Ese ventilador es lo único
que me queda
de África
(Señala las cajas)
Busca mejor
Revisa las cajas

Gómez asiente y comienza a abrir cajas. Capitán se levanta y mira por la ventana.

CAPITÁN
Hemos llegado en el peor momento
cuando los estómagos hacen temblar la tierra
cuando hay manchas de sangre en los abrigos
cuando todas las miradas se han perdido
El final de una guerra es el peor momento
¡Y aquí pasaremos las fiestas de Navidad!
Repartiendo cajas como Papá Noel

GÓMEZ
(Abriendo cajas)
Con esta comida mi familia
no habría pasado hambre

CAPITÁN
Busca bien busca bien
Tal y como yo lo veo
los yugoslavos no están hechos
para los campos de refugiados
Los africanos sí
Son más agradecidos
y te ofrecen a sus hijas
Aquí los niños no dibujan armas
¡dibujan casas con jardín!
(Pausa)
Evita que te observen las ruinas
Ignora el abrazo de las familias carbonizadas
No duermas nunca en sus camas
bajo los colchones siempre quedan bombas
Y que solo los perros remuevan las fosas
para comer

GÓMEZ
Todo eso ya lo he vivido, capitán

CAPITÁN
Ah
(Se acerca a Gómez)
Muy pronto viajarás
¡Tanto como viajé yo!
Y conocerás cosas no escritas
en las guías turísticas
¡Después de esta guerra
entrarás en combate!
La piedras del Muro de Berlín
son semillas para nuevos muros
¡Esta empresa es aún muy joven!
¡Esta empresa se abrirá como una flor!
Y cuando llegue ese futuro maravilloso

yo no estaré
estaré muerto
(Pausa)
¿Te hace ilusión?
¡Tú que te pensabas
que nunca saldrías
de aquella selva de mierda!

GÓMEZ
A veces echo de menos
el canto del viento
entre las hojas
de los árboles

El Capitán se va resignado hacia la butaca.

CAPITÁN
¡No te mires por dentro, Gómez!
Un buen soldado no piensa ni habla
Pero
como aquí no tenemos ni guerra
solo podemos hablar y pensar
¡Es insoportable!

Se escucha la sacudida de la valla y los gritos de los niños, todo mezclado con graznidos de cuervos. El Capitán va a la ventana y la abre.

CAPITÁN
¡Dejad la valla en paz!

GÓMEZ
¿Caliento la fabada, capitán?

CAPITÁN
¡La fabada se sirve fría!
(Cierra la ventana de golpe)
¿En qué bando estamos, Gómez?

GÓMEZ
En... ¿el de los croatas?

CAPITÁN
¿Croatas?

GÓMEZ
Me lío con los nombres

CAPITÁN
¡Con los *chetniks*!
Solo ellos han recordado
a la comunidad internacional
lo que es un soldado de verdad
Los europeos han olvidado
qué significa una guerra
¡Un desastre!
Piensan que las guerras
son todas espantosas
¿Espantosas?
¡Piensan como mi madre!
Yo he visto morir africanos
mientras hacían cola
por un trozo de pan
¡Y morían sonriendo!
¡Felices!
(Se acerca a Gómez)
No lo olvides nunca
somos la profesión
más antigua del mundo, Gómez!
¡No lo olvides nunca!
Te dirán que hay otras más antiguas
pero no
¡La nuestra es la más antigua!
Te dirán que eres un simple proveedor
de servicios militares de seguridad
de logística de combate de reconstrucción
un nuevo obrero un asalariado de la paz
¡Toda esas mierdas!
Pero no
¡Eres un mercenario!
¡Un perro de la guerra!
¡Un nuevo templario!
¡Llegarán la nuevas cruzadas!

¡Y las guerras serán postmodernas!
¡Estás en la vanguardia empresarial!
¡Este negocio no acabará
hasta que estemos todos muertos!
¡El colapso del planeta es inevitable!
¡No habrá tiempo para remordimientos!
Tengo hambre

Silencio fuera. Capitán se sienta a la mesa, mira la fabada, coge la cuchara. La mano le tiembla. Tensión.

GÓMEZ
Me gustaría ser un templario, capitán
No sé qué es
pero suena muy bien
A los diez años
aprendí el funcionamiento
de un fusil de asalto
Tenía un futuro prometedor
luchaba por un mundo
libre de la explotación
pero todo se complicó
La primera vez que maté
sentí crujir todos mis huesos
Aquí tengo todos los días
ropa limpia y comida
Por fin entiendo qué es la paz
y tengo un futuro prometedor
Hay un vacío enorme
en el mundo, capitán
Las colas para poder comer pan
no deberían dar la vuelta
al mundo
(Pausa)
¿Le ayudo a comer?

Capitán suelta la cuchara. Silencio. Poco a poco, se vuelven a escuchar los ruidos del exterior.

CAPITÁN
¡Está fría!

(Se levanta)
Dales las sobras a esos cuervos
¡Que cierren los picos de una vez!

GÓMEZ
Esta fabada lleva cerdo
y son musulmanes

CAPITÁN
¡Dales las sobras
antes de que tumben la valla!

Capitán se dirige lentamente hacia la butaca. Gómez recoge la mesa rápidamente.

CAPITÁN
(Se sienta)
Me agota hablar contigo
(Se mira las manos molesto)
Tres días aquí
Esto es asqueroso
Insoportable
Hay que volver a África, Gómez
Allí todo es más fácil
Cada mañana
al despertar
es como volver a nacer

GÓMEZ ya ha recogido toda la mesa. Espera en pie, callado.

CAPITÁN
¿Qué hacemos aquí, Gómez?
No entiendo nada
(Se mira las manos, tiemblan)
¡No sé qué hacer con las manos!
En África nos mandaban armas
entre la ayuda humanitaria
¿No hay armas en estas cajas?
¿No has encontrado ninguna?

Gómez niega. Capitán se hunde. Gómez se acerca con los brazos y manos extendidas, como si quisiese consolar al Capitán.

CAPITÁN
¿Qué haces?
¡No quiero tu ayuda humanitaria!
(Saca unos billetes)
Si quieres traerme la paz
¡cómprame un arma!
Quiero que dejen de sacudir
la valla de una vez
No me gusta
que me tiemblen
las manos

Gómez no coge el dinero. Se dirige hacia una de las cajas y saca una pistola. Capitán la ve y sonríe como un niño. Se levanta y se acerca a Gómez sin dejar de mirar el arma.

CAPITÁN
¡Es preciosa!
¿Funciona?
Dámela
¡Dámela!
(Coge la pistola)
Es muy suave
¿Está cargada?
¡No me lo digas!
(Apunta a Gómez)
Debes saber morir, Gómez
Debes saber morir
(Pausa. Deja de apuntarlo)
Eres una buena persona, Gómez
Vete y dales algo de comer
a esos cuervos

Gómez entra en la cocina. Capitán mira de reojo la ventana, mira la pistola y, después, el ventilador que gira sobre su cabeza. Sonríe fugazmente. Finalmente, se sienta a la mesa y deja la pistola sobre ella. Ahora mira hacia delante con la mirada perdida. Silencio fuera. Capitán permanece callado e inmóvil unos instantes.

CAPITÁN
¿Qué hago aquí?
Madre
(Pausa)
Mamá

Coge la pistola sin mirarla. Oscuro. Se escucha un disparo y una cabeza que revienta. Silencio.

FRAGMENTO 2
DICIEMBRE 1999. KOSOVO
HABITACIÓN DE HOTEL
6 GRADOS

Masha sentada en una cama sin deshacer con la mirada perdida. Gómez de uniforme observa el exterior desde la ventana. Noche de luna creciente. Nieva.

MASHA
No me has drogado.
(Pausa)
¿No tienes miedo de que huya?

GÓMEZ
Nadie huye con esta nieve
(Mira a Masha)
No me acostumbro a este frío
y la calefacción aún no funciona

MASHA
Nunca me habían llevado a un hotel
Sorprende que quede alguno en pie

GÓMEZ
Hemos comenzado la reconstrucción

MASHA
¿Y habéis comenzado por los hoteles?

GÓMEZ
Tras una guerra
hay que generar trabajo
o todo puede empezar de nuevo

MASHA
Si se mantiene la paz
te quedarás sin trabajo

GÓMEZ
Mi trabajo es que haya paz

Y aquí el turismo
era una industria esencial

MASHA
Sería estupendo
volver a ser camarera

GÓMEZ
Ahora sabes varias lenguas
no tendrás ningún problema

MASHA
¿Y crees que llegaré viva
para enviar mi currículum?
(Pausa)
¿A quién esperamos?

GÓMEZ
No lo puedo decir

MASHA
¿Y qué más da?
Aunque gritara
nadie me oiría
ni me creería

GÓMEZ
Yo te estoy escuchando

MASHA
Me estás vigilando
Es alguien importante
¿no?
Un perrito de la paz como tú
no puede permitirse estos lujos

GÓMEZ
No soy un perro

MASHA
¿Es un oficial de la ONU?

Gómez vuelve a mirar por la ventana.

MASHA
Es un oficial de la ONU
(Pausa)
He esperado tanto la paz
La extinción completa
de nuestros hombres
en su guerra de mierda
Y cuando estaban
a punto de matarse
entre ellos
llegáis vosotros
los perros de la paz
Esperaba otra ayuda humanitaria
¿Algún día nos dejaréis tranquilas?

GÓMEZ
No todos los soldados son iguales

MASHA
Cierto tú eres diferente
No eres un casco azul
¿verdad?

GÓMEZ
No

MASHA
Y si eres tan diferente
¿por qué has ido a por mí
a una granja de mujeres?
Y si eres tan diferente
¿por qué me has subido
a escondidas a un blindado?
Y si eres tan diferente
¿por qué me has traído
y encerrado en este hotel?

GÓMEZ
No quiero oír más voces

Silencio.

MASHA
Oír voces no te hace diferente

GÓMEZ
Creí que en Europa
las dejaría de oír
Pero cuando llegué a Bosnia
volvieron a hablar
A estas no las entiendo
hablan en vuestras lenguas

MASHA
Yo hablo para no oírlas
Deberías hacer lo mismo
(Va hacia la ventana)
¿Por qué eres diferente?
(Pausa)
¿Es porque me puedes salvar?
(Pausa. Mira por la ventana)
Donde tú ves reconstrucción y nieve
yo veo incendios
muertos y ruinas
(Mira a Gómez)
¿Me sacarás de aquí?
¿Me salvarás?

Llaman a la puerta. Gómez va a abrir.

MASHA
Es alguien importante
¿no?
Por eso este hotel
¿Cuánto has pagado por mí?
¡Espera!

Gómez se detiene.

MASHA
Por favor
dame
alguna droga

Gómez niega y se va a abrir la puerta. Desaparece. Masha se sienta en la cama. Se cierra la puerta. Entra Gómez empujando un carrito con una bandeja de ostras y una botella de champán. Lo acerca hasta Masha.

GÓMEZ
Puedes beber y comer
lo que quieras
Son ostras

Pausa.

MASHA
Cuando se arrastra a una bestia al matadero
no conviene que coma nada en doce horas
La digestión aumenta la presencia de bacterias
y los músculos se tensan y dejan de ser tiernos

Masha lanza la bandeja al suelo de un golpe. Gómez se arrodilla a recoger las ostras.

MASHA
Conozco todos los secretos de la carne
mi familia tenía una granja
he matado animales
(Temblorosa, coge la botella y la sostiene del cuello)
¿Sabes qué es esto?

GÓMEZ
No la tires al suelo

MASHA
¿Es francés?

GÓMEZ
El champán es francés

MASHA
En la granja se habla de un francés
un alto cargo que invita a champán
antes de matar a las mujeres
que compra

Pausa.

GÓMEZ
Es francés
(Coge la botella)
Pero no ha pagado para matarte

MASHA
Aquí por solo 3000
cualquiera tiene derecho
a matar una mujer

Silencio.

MASHA
Ábrela

Gómez duda. Finalmente, abre la botella. Masha la coge y bebe un buen trago.

MASHA
Me habría gustado morir
con otra ropa
Esta es espantosa
¿Te gusta?

GÓMEZ
No me he fijado en/

MASHA
¡No disimules!
Cuando me subías al blindado
estabas excitado
Ahora mismo
me miras de reojo las piernas

No os diferenciáis
de nuestros soldados
Vais más limpios y perfumados
pero vuestro sudor huele igual
Estáis siempre calientes
podéis fundir la nieve
con los testículos
Os agarráis a nuestros pechos
y gemís de placer
como cachorros hambrientos

GÓMEZ
Perros

MASHA
Como perros
os tenemos que alimentar
noche y día noche y día
(Pausa)
¿Tienes hijos?

GÓMEZ
No

MASHA
¿Te gustaría?

GÓMEZ
No

MASHA
Los hombres tenéis tanto miedo a morir
que os volvéis locos por reproduciros
Tenéis tanto miedo que lo hacéis en grupo
He visto ese miedo tantas veces
desde tan cerca
en los ojos
(Bebe)
Yo, sí
Yo tengo un hijo
No es mío

Nunca le podré decir
quién fue su padre
Eran tantos aquel día
Todos los días
tantas noches
Mi cerebro es un trozo de carne
desconectado del cuerpo
Aún jugaba con muñecas
Mi madre les hacía vestidos
Nunca las habría vestido así
como voy yo vestida
Me golpeé el estómago cada día
noche y día
pero nació igual
¡el hijo del soldado!
No lo veo desde hace un año
O más
no lo sé
¿En qué año estamos?
Si nos volvemos a ver
igual ya sabe hablar
Quiero preguntarle
quién es su padre
Los niños saben estas cosas
Quiero saber dónde vive
Quiero abrir la puerta de su casa
de una patada
Quiero devolverle su semilla
¡No es mi hijo!
Pero a veces
siento un vacío aquí dentro
Un pozo negro
(Bebe)

GÓMEZ
Hay un vacío enorme
en el mundo
Olvida el pasado
la guerra ha terminado
y el francés no te hará nada

MASHA
La violencia no acaba
con el final de la guerra
En tiempos de paz
aún pagáis para matarme
¿De verdad no vas a salvarme?
¿Qué tenéis en la cabeza?
Si has venido a reconstruir
comienza por mi cuerpo
Está tan destruido
como esta ciudad
Sácame de aquí
¿Qué quieres a cambio?
Los hombres siempre estáis excitados
Yo puedo hacerte sentir la paz
Solo te pido un poco de ayuda
Un poco de ayuda
humanitaria
No quiero morir
Tampoco quiero
vivir

Silencio. Gómez coge la botella y bebe.

GÓMEZ
Lo peor de los perros
es que son demasiado fieles
Son capaces de mover la cola
mientras los están matando

MASHA
Si tú traes la paz
que vuelva la guerra
Está todo más claro
Tú solo oyes voces
yo una lluvia de balas
edificios hundiéndose
el dolor del hambre
gusanos naciendo
dentro de la carne

GÓMEZ
Yo también he oído todo eso

MASHA
Entonces
¿qué hacemos aquí?
¿Qué hacem/

Llaman a la puerta. Gómez deja la botella en el carrito.

MASHA
¿Ya...?

Gómez no se mueve. Silencio. Vuelven a llamar a la puerta.

MASHA
¿No vas a abrir?

Silencio.

MASHA
¿Puedo pedirte algo?

GÓMEZ
¿Qué?

MASHA
Mátame tú
(Pausa)
Por favor
Ahora

Vuelven a llamar a la puerta de manera más insistente. Gómez va a abrir. Desaparece. Masha en pie, inmóvil. Se oye cerrar la puerta y reaparece Gómez. Se miran en silencio.

MASHA
¿Y el francés?

GÓMEZ
En una reunión urgente
con el alto comisionado

MASHA
¿Entonces?

GÓMEZ
Como ya estás pagada
me han dicho
que puedo hacer contigo
lo que quiera

Pausa.

MASHA
¿Quieres hacer turismo
por mi cuerpo?
Medio mundo lo ha visitado
por eso sé tantos idiomas
Todas las fuerzas de la paz
le han hecho fotos de recuerdo
(Se acerca a Gómez)
Si miro a un hombre a los ojos
puedo saber de dónde es
(Pausa)
En los tuyos veo
una selva
animales preciosos
y cosas espantosas
(Pausa)
Los dos hemos perdido las raíces
solo nos quedan un par de ramas
unas pocas hojas y mucho viento
Somos del mismo país
del país de los pobres

Pausa.

GÓMEZ
¿Puedes quitarte la ropa?

MASHA
Hueles a barro como yo

Puedo leerte la mano
Dámela no te haré daño
(Coge la mano de Gómez. Lee)
Te abrazará un pájaro enorme
Volverás a nacer en la selva
Serás tu propio padre

Gómez se mira la palma de la mano, después vuelve a mirar a Masha.

GÓMEZ
¿Puedes quitarte la ropa?

MASHA
(Se aleja)
¿Eso te dicen las voces?

GÓMEZ
No las entiendo
Y ahora hablan todas
al mismo tiempo
gritan y cantan
Quítate la ropa

Masha lo hace. Se queda en ropa interior. Su cuerpo parece tatuado, pero de hematomas y cicatrices. Gómez mira el cuerpo de Masha en silencio unos instantes.

GÓMEZ
Tienes razón

MASHA
¿Qué?

GÓMEZ
Esa ropa es espantosa

Gómez se acerca lentamente a Masha sin dejar de mirar las heridas. Cuando está suficientemente cerca, acaricia con un dedo un hematoma del costado, el más grande.

MASHA
Este golpe costó 500
Esta cicatriz un poco menos
Esta de aquí fue cuando todo era gratis

Gómez se quita la camisa.

GÓMEZ
Esta fue una bala amiga
Esta de un cuchillo enemigo
Y esta más grande me la hice yo

Gómez y Masha se abrazan al mismo tiempo, como si hubiesen perdido la fuerza en las piernas. Los dos cuerpos resbalan lentamente, se hunden. Son dos edificios en demolición. De rodillas, Masha abraza maternalmente a Gómez. Muy despacio, se saca un pecho y se lo ofrece al soldado.

FRAGMENTO 3
ENERO 2000. SIERRA LEONA
CERCA DE UNA MINA DE DIAMANTES
32 GRADOS

Sol. Amarillos y marrones. Cerca de un río, el motor lejano de una bomba de agua. Se oye también el baile de los guijarros en cedazos y las voces de unos niños cantando un tema religioso krio. En medio de esa nada, con el uniforme cubierto de barro, Gómez es un perro confuso y feliz, salta descalzo y sus ojos brillan.

GÓMEZ
Aquí siento el inmenso peso del aire
y en los pies el latido
del enorme corazón de la tierra
Huelo el río
Huelo el barro
Huelo los diamantes
Esas voces que escucho
¡son reales!
¡Cantan fuera
de mi cabeza!
Aquí no hace frío
¡El sol quiere estallar!
¡África, capitán!
¿Me oye?
¡Estoy en África, capitán!
¡Me vendrá bien respirar!
¡Me revolcaré en el barro!
¡Haré mi nido aquí!
Y naceré cada día
¡Naceré cada día!
¡Cada día cada día!
¡Aprenderé a hablar otra vez!
¡Hay que volver a nacer, Gómez!
¡Hay que volver a nacer!
¡Hay que /

Todo se apaga. Silencio.

FRAGMENTO 4
MARZO 2000. SIERRA LEONA
EN UN CENTRO DE ACOGIDA
36 GRADOS

Silencio nocturno. Un aula de un colegio abandonado con restos de impactos de metralla en las paredes. La luna decrece a través de la única ventana. Con el uniforme sucio de barro, Gómez está sentado en un pupitre. Doctora se acerca y le deja un papel en blanco y unos lápices de colores.

DOCTORA
¿Me podría dibujar a su familia?

GÓMEZ
No sé dibujar
Nunca he ido al colegio

DOCTORA
Los primitivos tampoco
y dibujaban en las cuevas
unos animales preciosos

GÓMEZ
No me gusta dibujar

DOCTORA
Me veré obligada a redactar
un informe negativo

GÓMEZ
¿Negativo?

DOCTORA
Podría perder este trabajo

GÓMEZ
¿Por no saber dibujar?

DOCTORA
Puedo echarlo a la calle
(Pausa)
Imagine
que está en un colegio
este lugar lo era
y dibuje a su familia

Gómez coge uno de los lápices y comienza a dibujar mientras Doctora le da la espalda. Acaba muy rápido y le da la hoja a DOCTORA. Esta coge la hoja y observa el dibujo.

DOCTORA
¿Solo se dibuja usted?

GÓMEZ
No tengo familia

DOCTORA
¿Y por qué de niño?

GÓMEZ
No lo sé

DOCTORA
Usted no es negro

GÓMEZ
Le he dicho que no sé dibujar

DOCTORA
Pues para no gustarle dibujar
le ha salido muy bien el fusil
No entiendo por qué se ha dibujado
como un niño soldado

GÓMEZ
¿Por qué estamos aquí?

DOCTORA
¿Habla con esos chicos?

GÓMEZ
¿He hecho algo mal?

DOCTORA
No debería hacerlo
son peligrosos
¿No le dan miedo?

GÓMEZ
Ahora están desarmados

DOCTORA
Afortunadamente
Ahora trabajan en la mina
Entonces
¿habla con ellos?

GÓMEZ
Yo no hablo con nadie
(Se levanta)
Dígame
¿por qué estoy aquí?

Pausa.

DOCTORA
No son su familia

GÓMEZ
¿Qué?

DOCTORA
Esos chicos
No son su familia

GÓMEZ
Solo los vigilo

DOCTORA
Ese río es una mina
y la mina es de una empresa

Hay que evitar que esos críos
roben diamantes del río
Por eso trabajan desnudos
Para eso le han contratado

GÓMEZ
Y los vigilo noche y día

Doctora deja el dibujo en el pupitre y saca una bolsita transparente con un diamante.

DOCTORA
Aun así
uno de ellos
tenía un diamante
(Pausa)
¿Podría acabar el dibujo?

GÓMEZ
Yo no soy un niño

DOCTORA
¿Por qué lo dice?

GÓMEZ
A los niños también
les hacéis dibujar

DOCTORA
¿Cómo lo sabe?

Gómez se sienta y dibuja mientras Doctora lo observa.

DOCTORA
Debe decirme la verdad
Es importante

GÓMEZ
¿Enseñará mi dibujo
a los niños?

DOCTORA
¿Por qué cree que haría eso?

GÓMEZ
No lo sé

Doctora espera un instante. Gómez deja de dibujar. Doctora mira el dibujo.

DOCTORA
¿Están muertos?

GÓMEZ
Todos no

DOCTORA
¿Esta es su madre?

GÓMEZ
Sí

DOCTORA
¿Y por qué se ha dibujado
como un niño?

GÓMEZ
Ya le he dicho que no lo sé
Hace tiempo
que no veo a mi familia

DOCTORA
Aquí los niños
han hecho cosas terribles

GÓMEZ
En todas las guerras
pasan cosas terribles

DOCTORA
Esta gana a todas

GÓMEZ
¿En cuántas guerras
ha estado?

DOCTORA
¿Ha visto los dibujos?

GÓMEZ
Me han enseñado alguno

DOCTORA
¿Quién?

GÓMEZ
Un día un chico
me enseñó uno

DOCTORA
Cortaban manos y brazos
a otros niños
Mataban a sus familiares
comían órganos humanos

GÓMEZ
Iban drogados

DOCTORA
No siempre
¿Usted también iba drogado?

GÓMEZ
¿Cuándo?

DOCTORA
Cuando mató a su madre

GÓMEZ
Yo no he matado a mi madre

DOCTORA
Pues este dibujo dice otra cosa

GÓMEZ
A veces
cuando hablamos
decimos cosas
que no queremos decir
Cuando dibujamos
debe pasar igual
No sabemos expresarnos bien

Doctora se aleja y Gómez mira su dibujo.

DOCTORA
¿Qué le dicen?

GÓMEZ
¿Quién?

DOCTORA
Las voces

GÓMEZ
¿Qué voces?

DOCTORA
Uno de los chicos me ha dicho
que usted tiene voces
en la cabeza

GÓMEZ
Esos niños mienten

DOCTORA
Entonces
Sí que habla con ellos

GÓMEZ
No

DOCTORA
¿Con el chico
que le enseñó
el dibujo tampoco?

GÓMEZ
No hablo con ellos
solo los vigilo

DOCTORA
Ya no son niños
son otra cosa
tampoco podrán
ser adultos nunca
Con doce años
han quemado casas
han violado
matado
Han vivido más vidas
que cualquier crío
de Occidente
podrá vivir nunca

GÓMEZ
Dicen que algunos no pueden hablar
por todo lo que han vivido

DOCTORA
Por eso les pedimos
que dibujen
(Se acerca a Gómez lentamente)
¿Desde cuándo trabaja en esta empresa?

GÓMEZ
Seis años

DOCTORA
Ahora tiene veintisiete

GÓMEZ
Veintiocho

DOCTORA
¿A qué edad comenzó a matar?

GÓMEZ
¿No lo dice el dibujo?

DOCTORA
Sí

Gómez mira el dibujo. Doctora lo coge.

DOCTORA
Usted es como ellos
Se ha dibujado
como uno de ellos
porque piensa
que son sus amigos

GÓMEZ
¿Todo eso dice el dibujo?

DOCTORA
Entonces
¿oye o no oye voces?

GÓMEZ
No son mis amigos

DOCTORA
¿A los diez o a los doce?

GÓMEZ
¿Qué?

DOCTORA
¿A esa edad empezó a matar?

GÓMEZ
A los doce

DOCTORA
Y habla con ellos

GÓMEZ
No
Son las voces que oigo
Las voces hablan con ellos

DOCTORA
Las voces

GÓMEZ
Una solo

DOCTORA
¿Una voz habla
con todos los niños?

GÓMEZ
Una de las voces
habla con un niño
Yo no
Yo /

DOCTORA
¿El mismo niño
que me dijo
que oía voces?

GÓMEZ
No lo sé

DOCTORA
¿Por qué empezó a matar?

GÓMEZ
Era una guerra

DOCTORA
(Señalando una parte del dibujo)
¿Y su madre?

GÓMEZ
(Se levanta y mira el dibujo)

Mi madre
¿qué?

DOCTORA
¿Qué pasó?

GÓMEZ
¡No sé qué quiere!

DOCTORA
No se altere
oír voces es
de lo más normal

GÓMEZ
¿Qué he hecho?

DOCTORA
No es el único empleado
que oye voces

GÓMEZ
¿Qué quiere que haga?

DOCTORA
¿Le hablan ahora?
¿Qué le dicen?

Gómez le arranca el dibujo de las manos. Doctora se mantiene fría.

DOCTORA
¿Qué le dicen ahora?

Pausa.

GÓMEZ
If yu luk na di bodi
na di sem bodi wi get
(Pausa)
¿Qué he dicho?

Pausa.

DOCTORA
Si miras mi cuerpo
todos tenemos
el mismo cuerpo

Pausa.

GÓMEZ
If yu luk na di laif
Na di semp laif wi get

DOCTORA
Si miras la vida
todos tenemos
la misma vida

Pausa.

GÓMEZ
¿Eso he dicho?

DOCTORA
¿Sabe hablar krio?

GÓMEZ
No

DOCTORA
Pues lo finge muy bien

GÓMEZ
Yo no hablo
lo hace la voz

DOCTORA
¿Solo oye una ahora?

GÓMEZ
A veces
hablan todas a la vez

DOCTORA
Podría aprovechar
para aprender krio
Es muy fácil
Una lengua de esclavos

GÓMEZ
Yo no la entiendo

DOCTORA
¿Y en qué idioma habla
con los niños?

GÓMEZ
No todos tenemos la misma vida

DOCTORA
¿Qué?

GÓMEZ
Si miras la vida
todos tenemos
la misma vida
No es cierto

DOCTORA
Es la letra de una canción
Los niños la cantan
todo el día

GÓMEZ
Las voces que oigo
son solo de mujeres
Ahora oigo solo una
la de la madre
de ese niño

DOCTORA
Es huérfano

GÓMEZ
Lo sé

DOCTORA
No creo que su madre
tenga nada que decirle
y menos si está muerta

GÓMEZ
Pues parece
que se quieren
cuando hablan

DOCTORA
Además de soldado
es también médium
¿Habla con los muertos?

GÓMEZ
Yo no /

DOCTORA
Está como una puta cabra
Se reboza en el barro como un perro
Oye voces y habla con muertos
¿Se piensa que soy idiota?
¿Que esta empresa es idiota?

GÓMEZ
Yo no pienso que /

DOCTORA
Esta empresa de seguridad
nos paga un sueldo
y la ha dejado en evidencia
¿Creía que la industria minera
que nos contrata
no se daría cuenta
de que le faltaba un diamante
de los sesenta y siete millones
que produce al año?

Este diamante es de un quilate
Más valioso que cualquier vigilante
Más que todos esos malditos niños
¿Por qué se lo dio?

GÓMEZ
¿A quién?

DOCTORA
¡Al niño!

Pausa.

GÓMEZ
Quiere estudiar

DOCTORA
¡Mentira!
Esos críos mienten
Lo ha dicho usted

GÓMEZ
La madre dijo
que el diamante
era de su río
Que era lo justo

DOCTORA
¿No dice que no los entiende?

GÓMEZ
Su hijo la traduce

DOCTORA
Claro
y usted se lo cree
y está de acuerdo
Y también piensa
que les robamos
los diamantes
¿no?

GÓMEZ
¿Quién?

DOCTORA
¡Nosotros!
Nuestra empresa

GÓMEZ
Yo no he/

DOCTORA
Claro que lo piensas
por la misma razón
que te has creído
que el niño ese
quiere estudiar
para ser mecánico
o albañil

GÓMEZ
Quiere ser médico
como usted

DOCTORA
¡Quería comprar un arma!

GÓMEZ
¡Quería curar a la gente!
Su madre/

DOCTORA
Dudo mucho que una madre
anime a su hijo
a comprar un arma

GÓMEZ
Podría

DOCTORA
¿Podría?

GÓMEZ
No entiendo nada

DOCTORA
¿A mí tampoco me entiendes?
Un arma un arma un/
¿Para que sirve un arma?
Siempre serán soldados
es su único futuro laboral
Esos chicos están bien formados
y obedecen disciplinados
¡Son tu competencia!
¡Te robarán el trabajo!
Para de una vez
con esa mierda
de las voces
Es ridículo
Inútil
Nos has puesto en peligro
Nos has fallado

GÓMEZ
Amo mi trabajo

DOCTORA
¡Nunca has tenido otro!
Esto no es un juego
Y crees que juegas en el río
con unos amigos
que nunca has tenido
¿No te das cuenta?
Quiero salvarte
de esta mierda de vida
de este trabajo espantoso
Si pudiera
yo misma me despediría
Me gustaría despedirme
de toda esta miseria
Yo no estudié tantos años
para trabajar de recursos humanos
en este agujero

¡Yo quería ser médica!
¡Todos tenemos traumas!
¿Te dibujo a mi familia?
Sorprende el brillo
de una piedra tan pequeña
¿La ves?
No puedo dejar de mirarla
podría quedarme ciega
Esta piedra siempre será
más cara que tú y que yo
que los dos juntos
Este trozo de piedra
es nuestro sueldo
de diez años o más
¿Y qué?
¡No tengo la culpa
de cómo haces
tu trabajo!
¡No tengo la culpa
de que esta gente
se esté matando
desde que nacen!
¡No tengo la culpa
de que esta empresa
robe diamantes
a madres muertas
y a hijos asesinos!
No habrá nunca
bastante dinero
para pagar
lo que hacemos aquí
Y tú que no sabes ni dibujar
¡cobras más que yo!
Estoy harta
No lo soporto
Tener que vivir rodeada
de tanta pobreza
Aquí la muerte
sí es un descanso
Ninguna madre querría
parir a sus hijos aquí

Me formé para trabajar
con adultos
no con niños
Tú eres un niño
Eres como ellos
Nunca crecerás
¡Pero se acabó!
¡Fuera de esta empresa!
¡Despedido!
Tómate un descanso
seguro que lo necesitas
Me gustaría tanto ser tú
¿Te crees que me gusta
esta porquería de trabajo?
Envidio tu suerte
¡Estás despedido!
¡Huye de este pueblo
lleno de mutilados!
Es insoportable pasear
por las calles
con tanta ausencia
de piernas
de brazos
de manos
Quiero otro trabajo
lejos de aquí
Sentirme en paz
Pero en este mundo
ya no queda un rincón
donde haya
realmente
paz
Sé que perder un trabajo
es como perder
un ser querido
un trozo de carne
un órgano vital
Pero todo pasará
Y renacerás
Y volverás a jugar
¡Te estoy salvando la vida!

¡Te estoy volviendo a parir!
¡Fuera de esta empresa!
Deberías estar agradecido
¡Estás despedido!
Regresa con tu familia
Tu madre volverá a ser feliz
se alegrará mucho de verte
después de seis años
¡Vete ya!
¡Déjame en paz!

Pausa. Gómez le muestra el dibujo a Doctora.

GÓMEZ
Están todos muertos
Mi familia entera
Está muerta

DOCTORA
No voy a cambiar de opinión

GÓMEZ
Fue un accidente

DOCTORA
No se roban diamantes
por accidente

GÓMEZ
Matar a mi madre
Fue un accidente
Estaba de espaldas
no sabía quién era

DOCTORA
¿La mataste de verdad?

GÓMEZ
(Señala el dibujo)
¿No lo ve aquí?
Ve como no sé dibujar

DOCTORA
¿Matabais mujeres
por la espalda?

Pausa.

GÓMEZ
Íbamos bebidos
Después
tuve que defenderme

DOCTORA
¿De quién?

GÓMEZ
De mi familia
Hui a Europa
Y esta empresa
ha sido mi refugio
No puede despedirme

Pausa.

DOCTORA
No me creo nada
Mientes como un niño
¡Largo de aquí!
¡Vete!

Pausa.

GÓMEZ
Doctora
¿por qué tengo la cabeza llena
de voces de madres muertas
y la mía nunca
me habla?

Silencio. Doctora no se inmuta.

DOCTORA
¿De verdad necesitas
trabajar en esta mierda?

GÓMEZ
No es una mierda

Pausa. Gómez se dirige hacia la puerta.

DOCTORA
¿Cuántos diamantes como este
podrías conseguirme
sin que nadie
se entere?

Gómez se detiene y se gira.

GÓMEZ
We yu fala dɔg,
I kɛr yu go na dɔti boks

Se miran en silencio.

DOCTORA
Si persigues a un perro
te llevará
a la basura

Gómez se marcha. Silencio. Oscuro.

FRAGMENTO 5
ABRIL 2003. IRAK
INTERIOR DEL MUSEO ARQUEOLÓGICO
42 GRADOS

Una nube espesa de polvo. Desde el fondo, llegan las voces de la cabeza de Gómez que se mezclan con el latido de su corazón.

VOCES
No deberíamos cruzar
este umbral, Gómez

GÓMEZ
Por mí podéis
quedaros fuera

VOCES
Aquí solo vive la muerte
la depredadora voraz
que dispara a ciegas

GÓMEZ
Solo es un museo
Me tengo que llevar
la Gioconda sumeria

VOCES
¡Cuidado!
Es toda amor
pero odia ese nombre
¡Detente!
Que tu corazón
no despierte a la madre
de todas las madres

GÓMEZ
¿La madre
de todas
las madres?

VOCES
¡No sigas!
Clava tu cuerpo
Penetra la tierra
como una daga
penetra la tierra
Y déjate roer
por las piedras
Déjate caer
hasta lo más hondo
del estómago
del mundo

La nube de polvo deja ver la pared del fondo donde una bomba ha abierto un boquete por el cual aparece poco a poco una luna llena verde. Por ese agujero, ahora iluminado, emerge lentamente la silueta de Gómez.

VOZ INANNA
¿Es un corazón humano
eso que oigo?

VOCES
¡Ya la has despertado!
¡Huye como un perro!
¡Que tus botas
devoren la tierra!
¡Huye!
¡Huye!
¡Huye!

La luna está ahora justo en el centro del agujero de la pared e ilumina un suelo repleto de ruinas. Da la impresión de ser un lugar arqueológico abandonado. Entre los restos de piedras y polvo, se adivina la silueta de la estatua de Inanna.

INANNA
¿No atiendes los consejos
de tus voces, soldado?

GÓMEZ
Hemos liberado Irak
Una multitud suplica

comida por las calles
y viene hacia aquí
dispuesta a saquear
el museo entero

INANNA
¿Quieres salvarme
de mi pueblo?

GÓMEZ
¿Eres la Gioconda sumeria?

Silencio.

INANNA
Soy
la profundidad de la tierra
y la altura infinita del cielo
La luna de pechos
nutritivos de vaca
Todos los frutos
saben a mí
Si camino por el cielo
nace la lluvia
Si camino por la tierra
brota la hierba
Soy
la pastora protectora
del escorpión
la serpiente
y el león
Madre de gemelos
El amor y la guerra
Soy
el origen y fuente
de toda la vida
y su más temida destructora
Nací en el ombligo de mundo
que de nuevo habéis convertido
en una montaña de vísceras
Tengo 6000 años

¿de qué me vas a salvar tú?
(Pausa)
No me vuelvas a llamar
Gioconda

Pausa.

GÓMEZ
Los iraquíes han asaltado
oficinas y fábricas
Corren ansiosos
abrazados a aparatos
de aire acondicionado
Este museo es inseguro

INANNA
¿Aire acondicionado?
Si aquí nunca hay
electricidad

GÓMEZ
Entran en hoteles
Cargan camiones
con sofás
alfombras
y pianos de cola
Vacían de camas
los hospitales
Arrasan las universidades
Arrastran sillas y muebles
Necesitan dinero
para poder comer
pero nadie puede
comprar nada
Están desesperados

INANNA
Pobres desgraciados

GÓMEZ
Queman bibliotecas
Pelean por los libros

más antiguos y valiosos
mientras se les deshacen
entre insectos y dedos
De Saddam ya no queda
ni una estatua en pie

INANNA
¡Pobre líder unificador!
¡Castillo de leones!
¡Orgullo del sol!

Pausa.

GÓMEZ
¿Qué?

INANNA
Nada

GÓMEZ
Por las calles pasean
los animales del zoo
participan del pillaje
Humanos y animales
vienen hacia aquí
Entrarán al museo
y se comerán
todas las piedras

INANNA
¡Me gustaría tanto
ser de carne
para ser engullida
por una multitud
muerta de hambre!

A lo lejos, comienza a oírse una multitud.

GÓMEZ
Ya se acercan
La tengo que salvar
Llevar a otro museo

INANNA
Miles de años antes
yo recibía generosamente
a todos los extranjeros
Les ofrecía mis putas sagradas
¡Mis templos estaban llenos!
Ellas eran la garantía
de la fertilidad de esta tierra
de la continuidad de la especie
¿Cómo me recibirá ese museo
al que me quieres llevar?
¿Me encerrará
en una urna de cristal?
¿Me entregará
a una orgía de turistas?
Aquí estoy más tranquila

Pausa.

GÓMEZ
¿De verdad eres la madre
de todas las madres?

INANNA
Tanta fertilidad
se me fue de las manos
Cuando invoqué a la muerte
fue demasiado tarde
Si lo llego a saber
no habría follado tanto

GÓMEZ
No la llevaré a ningún museo
si puedo hablar con mi madre

INANNA
Tu madre no quiere
hablar contigo

GÓMEZ
Fue un accidente

INNANA
La mataste

GÓMEZ
Necesito oír su voz

INANNA
Tú quieres hablar
con la muerte
Y yo necesito
un trago de vida
Hay una luna preciosa
para volver a bailar
¿Quieres salvarme un poco?
Deja que sienta otra vez
el peso de la carne
la suavidad de la piel
la sangre en los órganos
el calor en los labios

GÓMEZ
¿Qué tengo que hacer?

INANNA
Solo necesito sentir
tu corazón
dentro de mi pecho

GÓMEZ
¿Mi corazón?

INANNA
Préstame tu corazón
solo un momento
Lo que dura un baile
(Pausa)
¡No te lo pienses tanto!

GÓMEZ
Espero el consejo
de las voces

INANNA
Esas voces nacen
de mi boca

Se oye el tumulto, ahora mezclado con gritos de animales, cada vez más cerca.

INANNA
¿Los oyes?
Han dejado de ser
un pueblo amable
Aprenden rápido
las nociones básicas
de la democracia
¡Están a punto de entrar!
Solo te pido
que me prestes el corazón
un momento nada más
Quiero volver a bailar
¡Mira qué luna!

GÓMEZ
Antes quiero hablar
con mi madre

INANNA
Eso después

GÓMEZ
Después del baile
¿te vendrás conmigo?

INANNA
No quiero ir
a otro museo
lleno de piedras

GÓMEZ
Piedras valiosas

INANNA
Tú has entrado aquí a robar
No quieres salvar nada
Esto es terrorismo
de civilizaciones
Habéis estampado un avión
de pasajeros contra los muros
de mi museo
Habéis abierto una brecha
para entrar y borrar
nuestro pasado
No tardaréis tanto
en mataros entre vosotros
como desde hace años
lo hacemos nosotros
Cualquier vida humana
es más valiosa
que este museo entero
¿Aprecias más tu corazón
que hablar con tu madre?

A las puertas del museo, se oyen los primeros disparos al aire y los gritos de los humanos y de los animales.

GÓMEZ
Deja que hable con mi madre
Deja que te haga pedazos después
para esconderte en bolsas
Descansarás en la consigna
de un aeropuerto de Suiza
Y al tercer año
despertarás reconstruida
en un museo extranjero

INANNA
¡No quiero volver a la vida!
¡Quiero bailar aquí y ahora!
¡No quiero ver más turistas
saqueándome con sus ojos!

GÓMEZ
¡Tenemos que salir de aquí!

INANNA
¡En qué mala hora
fuimos la cuna
de la civilización!
¡En qué mala hora
inventamos la escritura
los libros y la astronomía!
¡Vuestra religión no existiría
sin las batallitas
de nuestros dioses!
A mí ya me colgaron
como un trozo de carne
y al tercer día resucité
¡En qué mala hora
descubrimos la guerra!
Antes o después
tendréis que construir murallas
alrededor de vuestras ciudades
como hicimos nosotros
Murallas que no servirán
para nada
Nunca sirven para nada
Saddam no ha servido
para nada
Vosotros no serviréis
para nada
Yo no serví
para nada

GÓMEZ
¡Ven conmigo!
¡Van a entrar!

INANNA
¡Suelta!
Prefiero que uno de los míos
me empuje al suelo
me haga pedazos
me devuelva al polvo

Forcejean. Inanna canta melodramática.

INANNA
¡Oh, triste de mí!
La noche que fui destruida
cuando unas botas enemigas
entraron igual que truenos
en el reposo de mi estancia
y alargaron sus viles garras
para ensuciar mi cuerpo
¡Oh, triste de mí!

Gómez la suelta, no puede contenerla.

INANNA
Yo puedo abrirte las puertas
del inframundo
Disfrutarás de infinidad
de amantes
¿Quieres bajar al estómago
del mundo?
Si yo volviese a bajar
solo tropezaría con muertos
¿Dónde está mi pastor?
¿Su olor a lana sucia?
¡Quiero besar su piel de miel!
Que me acaricie el ombligo
¡En qué mala hora
le dejé labrar y regar
mi vulva sagrada!
Dame tu corazón
¡La guerra y el amor
malditos gemelos!
Yo puedo arrastrar animales
con mi canto
Yo puedo hacerte pedazos
con una mirada
Yo podría aplastar los cráneos
de los invasores
y devorar como una loba
sus despojos
Dame tu corazón

¡Me robaron el jardín!
¿Qué es un dolor de muelas
cuando la peste te rodea?
¿Qué sabréis de guerras?
En mis tiempos
los soldados marchaban
por encima de cadáveres
mientras los buitres
aplaudían a su paso
He mutilado a todos
mis amantes
Dame tu corazón
Me violaron dormida
y cuando desperté
sufrieron mi venganza
Convertí los pozos de agua
en pozos de sangre y petróleo
¡En qué mala hora!
¡En qué mala hora
fui salvadora de árboles
arrancados por el viento
destruí montañas enteras
para construir pirámides
y como castigo
vomité un diluvio!
Y todo eso
se olvidará muy pronto
porque posiblemente
no bastó para poder
bailar
esta noche
bajo
esta luna
hermosa

Se escuchan los golpes en la puerta, los gritos humanos y animales, los disparos al aire. Lentamente, Gómez introduce una mano en su pecho y extrae su corazón sangrante. Ahora el latido retumba todavía más fuerte y el exterior calla. Gómez ofrece el corazón a Inanna. Ella lo coge, lo abraza sobre su pecho de piedra y comienza a bailar. El latido de dos corazones hace temblar el museo entero. Inanna danza un rato hasta que un disparo impacta en su espalda y cae al suelo. Gómez corre hacia ella y la abraza como una pietà. *Moribunda, Inanna habla con otra voz.*

MARE
Hijo mío
¿Recuerdas nuestros paseos
por una selva sin guerra?
¿Recuerdas mi manos
abrazar tus mejillas
para besarte la frente?

No fue buena idea
enviarte a la guerrilla

Quizás estaríamos hoy
los dos vivos
No fue buena idea
Quizás estaríamos hoy
los dos
muertos

Perdona

Te quiero igual
que se quieren
los árboles

Después de 6000 años, Inanna muere. Desde el fondo llega Andrei, un soldado armado con un equipo que le hace parecer un insecto. Lleva un fusil en la mano.

ANDREI
¿Qué haces abrazado
a unas piedras, Gómez?

FRAGMENTO 6
AGOSTO 2008. AFGANISTÁN
UN PAISAJE DE CUEVAS
47 GRADOS

En el cielo, la luna llena se vuelve roja. Aparece un paisaje agujereado por cuevas. Dos de ellas, las más próximas, están una a cada lado. Gómez y Andrei, uniformados y armados, son dos insectos empapados en sudor. Andrei se detiene y mira la luna. Gómez comienza a inspeccionar la entrada de una de las cuevas. En el umbral, trata de oír algo.

ANDREI
Hoy tenemos una luna preciosa
quema como una mujer muerta
a la caza de amantes

GÓMEZ
Si los talibanes abren cuevas
con las uñas y los dientes
¿por qué no se oye nada?
No oigo cómo arañan
ni mastican.

ANDREI
Hace una noche preciosa
para mear el cadáver
de un líder talibán
o para morir decapitados
como buenos hermanos
¿Cuál será nuestro destino
esta noche de calor infernal?

Andrei lanza una moneda al aire.

ANDREI
¡Cara! ¡Ha salido cara!
¡El destino nos sonríe!
La recompensa será nuestra
y ya no trabajaremos más
en esta mierda
(Aúlla)

GÓMEZ
¡Silencio!
¿No oyes?
(Escucha con atención)
Nada
No es nada
Solo el giro del eje
oxidado de la Tierra
(Va hacia la otra cueva)
Son las últimas cuevas
que quedan por explorar
¿Estará en esta?

ANDREI
Estas cuevas son intestinos
que conectan con todas
las capitales de Occidente
¿Te acuerdas de aquella
que nos llevó
a los suburbios de París?

GÓMEZ
¿Dónde se ha visto
que un aristócrata
viva en una cueva?
Bin Laden estará
tan tranquilo
en un palacio

ANDREI
A un palacio
me pienso retirar yo
cuando nos den la recompensa
¡Echo tanto de menos la nieve!
Con este bochorno
no se puede beber
ni horilka ni vodka
¡Quiero volver
con mi manada!
(Aúlla)

GÓMEZ
¡Ssssh!
¡Se ha movido
una sombra!

ANDREI
(Se acerca a la cueva)
Si no se ha movido
alguno de esos animales
pintados en la cueva
será el hombre
que buscamos
(Carga el fusil)
Te cubro la retaguardia
¡Entra y seremos ricos!

GÓMEZ
No puedo entrar
es fin de mes

ANDREI
A ti no te importa
perder la cabeza
Y yo quiero volver
a mi nevada Ucrania
Nunca podré regresar
si la empresa nos continua
recortando tanto el sueldo
(Lanza la moneda de nuevo)
¡Cara!
¡Entras tú!

GÓMEZ
¡No puedo matar
a nadie más hoy!

ANDREI
(Acercando la moneda a Gómez)
¡Ha salido cara!
¡El dinero habla

por boca de la gente!
¿Desafías al destino?

GÓMEZ
He llegado al límite
este mes no puedo
matar a nadie más

ANDREI
¿Quién habla de matar?
¡Si lo pillamos vivo
la recompensa es mayor!
A mí también me gustaría
morir con una sonrisa
satisfecho
por el trabajo
bien hecho
No se puede matar
con tantas prisas
Se debería hacer con
respeto
cuidado
y amor
Cuando me escondo en un edificio
y apunto a alguien
que pasa por la calle
antes de apretar el gatillo
siempre pienso:
"Te quiero, desconocido
Habríamos podido ser hermanos"
¡Como tú y yo, Gómez!
¡Hermanos!

GÓMEZ
No grites tanto
Te oirán

ANDREI
¡Que me oiga el mundo entero!
Cada vez que matamos
se pierde la posibilidad

de una buena amistad
¡Tendría un millón de amigos!
Pero con tantas prisas
el amor no fluye
¡No fluye!
Y el trabajo se desperdicia
Y las grietas del corazón
se abren y crecen más
¡Escucha!

Andrei acerca la cabeza de Gómez a su pecho.

ANDREI
¿Oyes mi corazón en ruinas
la luz entrando por sus fisuras
como en una catedral diminuta?
¿Tu corazón es igual, Gómez?
¡Ah, no!
¡Que tú ya no tienes corazón!
¡Te lo dejaste en un museo!
(Le suelta la cabeza)
¿No estás cansado de todo esto?
¿De huir por todo el mundo
por no haber sabido
querer nunca?
Trabajas en esto
para no pensar
y otras voces
lo hacen por ti
Has decidido no pensar
pero solo hay una forma
de no pensar, Gómez
¡Solo una!

GÓMEZ
¿Cuál?

ANDREI
Que te corten la cabeza
¡Entra tú a la cueva!
Es una buena oportunidad

para dejar de pensar
Yo te espero aquí
como un perro
Si no sales en un rato
te sacaré en brazos
te arrastraré como tú
arrastras tu cruz
y te abriré la tierra
como una cama
¡Más duro que morir
es tener que enterrar
a un hermano!
Porque aquí
no nos enterrará nadie
Por contrato esta empresa
no se ocupa de los cuerpos
de sus queridos empleados
Y aquí los buitres
se saciaron hace años
¡Pobres bestias!
(Abraza a Gómez)
Si me lo pides
yo mismo podría
cortarte la cabeza
con estas manos
para que dejes de pensar
para que encuentres
por fin la paz
Pero antes entra
y saca a nuestro talibán

VOZ CUEVA
¡Y vendrán los renacidos!
Y posarán la mano
en los nidos
de vuestros tanques
Y quemarán las estrellas
de vuestras águilas
Caeréis como los higos
caen en la tempestad

¡Al suelo!
(Empuja a Gómez y caen al suelo)

GÓMEZ
¿Qué dice?

ANDREI
¡Calla, barbudo!
¡Deja de disparar
palabras de odio
a estos pobres
obreros de la guerra!

(Temblando)
¡Entra y acaba con él!

GÓMEZ
No
No me salen las cuentas
Si por 1000 euros al mes
matamos 5 personas
el muerto sale a 200
Si matamos 10
a 100
Si matamos 20
a 50
Cada día que pasa
baja el valor de las vidas
y estamos a fin de mes
Si al menos cobrásemos
como las fuerzas especiales
o los cráneos privilegiados
de nuestra empresa
el muerto saldría a 3000
Y aún así no salen las cuentas
Si morimos
nuestras familias reciben
20.000
pero no tenemos familia
Que nuestras vidas
tengan ese precio
me parece igual de injusto
Hasta la muerte
de un aristócrata
que salga a 5 no es justo
Y con la crisis actual

Vosotros tenéis relojes
nosotros tenemos tiempo
¡Temblad infieles temblad!

¡Temblad infieles temblad!

¡Temblad infieles temblad!

¡Temblad infieles temblad!

el precio del muerto
bajará cada vez más
Quizás el mes que viene
solo cobremos 500
Pronto nuestras vidas
no costarán nada
¡Ya no cuestan nada!
¡Hagamos huelga, Andrei!
¡Vamos a la huelga!
¡A la huelga! ¡A la huel/

¡Temblad infieles temblad!

ANDREI
¿Qué huelga?
¡Nos van a matar!
¡Nos van a matar!

¡Temblad infieles temblad!
¡Temblad infieles temblad!
Ya desmembramos
a los osos rojos de la nieve
Ahora desangraremos
cada banco y multinacional
del imperio del terror

GÓMEZ
(Se levanta)
¡Quiero volver a luchar
contra la explotación
de la empresa privada!
¡Exijamos un buen precio
por nuestros cuellos!
¿Cuál sería tu precio?
Propón una cifra
la que quieras
cualquier cantidad
Comencemos a luchar
por un precio digno
de nuestras muertes
¿Cuál era el precio
de mi madre?
¿Cuánto tengo que pagar
por su muerte?
¿A quién se lo pago?
¿Me hago una transferen-
cia?

ANDREI
(Mientras trata de poner a

cubierto a Gómez)
No eres especial, Gómez
También mi familia
está toda muerta
Es muy feo llamar tanto
la atención y gritar:
"¡Eh, mirad! ¡Mirad!
¡Estoy clavado a una cruz!
¡Mirad mi sangre!
¡Mirad mis heridas!"
¡Ponte a cubierto!

Gómez se resiste.

GÓMEZ
No me salen las cuentas
¡Solo quería imponer la paz!
Miro esas cuevas
y siento envidia
Ellos piensan
que existe un Dios
Ellos tienen fe
en la Nueva Cruzada
¡Creen en su Dios!
¡Y yo no puedo hacer
ninguna cruzada!
¡A las cruzadas
hay que ir con fe!
Por contrato no debería
haber entrado nunca
en combate
Este fusil ligero
cada día me pesa más
(Lo lanza lejos)

ANDREI
(Apunta a Gómez)
Gómez, coge el fusil
y entra a la cueva

Caeréis como los higos
caen en la tempestad
Vosotros tenéis relojes
nosotros tenemos tiempo
¡Temblad infieles temblad!
Ahora desangraremos
cada banco y multinacional
del imperio del terror

GÓMEZ
En el principio era Dios
substancia inmaterial
sin espacio ni tiempo
puro e indestructible

ANDREI
¿Ahora hablas como ellos?
¿Por qué hablas como ellos?

GÓMEZ
Un buen día asqueado
de su divina perfección
decidió dejar de ser

ANDREI
¡Hablas como ellos!
¿Por qué hablas como ellos?

GÓMEZ
Dios no creó nada
Nada de lo que ves
Ni el universo
Ni la luna
Ni nada
Dios se hizo estallar
y su destrucción
diseminó
sus trozos de carne
generando
el espacio y el tiempo

ANDREI
(Baja el arma lentamente)
¿Dios se inmoló?

GÓMEZ
Sí

ANDREI
¿Como un terrorista suicida?

GÓMEZ
Este mundo no es
más que un trozo
de su carne
El fin del universo
es la muerte
No quiso crear nada
Y solo hemos heredado
su desesperado deseo
de destrucción
Dios fue el primer
terrorista suicida

Silencio. Andrei baja por completo el arma.

ANDREI
¿Y el resto de dioses?

GÓMEZ
Hicieron lo mismo
Todos pertenecían
a la misma secta
inmaterial
Todos hicieron explotar
sus bombas a la vez
Buda Mitra Alá
Todos
¿Lo entiendes?
Todos
¿Qué hacemos aquí, Andrei?
¿Qué hacemos aquí?

ANDREI
¿Quién te ha contado todo
eso?

GÓMEZ
Lo he soñado

Andrei vuelve a apuntar Gómez.

GÓMEZ
¿No sería maravilloso
ver descansar
la humanidad?

ANDREI
¡Cobarde!
¡Colombiano de mierda!

Andrei entra en la cueva de la derecha, gritando y disparando. Inmediatamente después, Gómez recupera su arma y entra por la cueva de la izquierda. Se oyen los gritos enloquecidos de los soldados y las ráfagas de disparos.

Silencio.

Gómez sale por la cueva por la que había entrado Andrei. Va todo manchado de sangre, pero no está herido. En la mano lleva un magnetófono por el que se oye la voz del talibán.

Gómez deja el magnetófono en el suelo, lo mira y escucha.

¡Y vendrán los renacidos!
Y posarán la mano
en los nidos
de vuestros tanques
Y quemarán las estrellas
de vuestras águilas
Caeréis como los higos
caen en la tempestad
Vosotros tenéis relojes
nosotros tenemos tiempo
¡Temblad infieles temblad!
¡Temblad infieles temblad!
Ya desmembramos
a los osos rojos de la nieve
y bebimos de su sangre
en una larga fiesta
Ahora desangramos
cada banco y multinacional
del imperio del terror
¡Y vendrán los renacidos!
Y posarán la mano
en los nidos
Y quemarán las estrellas
Caeréis como los higos
Vosotros tenéis relojes
¡Temblad infieles temblad!
Pronto tendréis
que devolvernos
toda la sangre
que robasteis
a nuestros muertos
Pronto tendréis
que devolve/

La voz del magnetófono se detiene abruptamente.

Silencio.

Por el magnetófono se oye ahora:

VOCES DE MUJERES
Mamuts
Ciervos gigantes
Bisontes
Caballos salvajes
Renos
Osos de tres metros

Hace 35.000 años
en estas cuevas
los humanos
creaban música
y dibujaban
sus dioses animales

Con óxido rojo en sus manos
presionaban las paredes
de piedra

Gómez se mira las manos manchadas de sangre, las abre y comienza a dejar sus huellas por las paredes.

Aquí puede verse la huella
de la mano de un niño
de solo once años

Refugiarse en las cuevas
era clave para sobrevivir
pero estos cazadores
se escondían
en las mismas cuevas
donde se refugiaban
sus peligrosas presas
Los muertos también
nos escondemos
en la misma cueva
que nuestros asesinos

¿Quieres saber dónde
Gómez?

Al escuchar su nombre, Gómez se detiene y se acerca al magnetófono. Lo observa. Silencio.
De repente:

VOZ MADRE
Hijo
¿estás bien?
(Pausa)
¿Hijo mío?
¿Me escuch/

Gómez apaga el magnetófono. Comienza a llover sangre. Gómez se abraza al magnetófono.

FRAGMENTO 7

2009... 2010, 11, 12, 13, 14, 15, 16, 17, 18...
TODOS LOS DESIERTOS DE ORIENTE PRÓXIMO
53 GRADOS

Fuerte tempestad de arena. Gómez la soporta de pie, inmóvil y con la mirada perdida. Cuando todo se calma, aparece un sol que fríe a fuego lento al mercenario. Su cuerpo se distorsiona con la calima. Ahora, alza la mirada al cielo y abre los brazos dispuesto a coger algo al vuelo. Cae una extremidad humana, un brazo. Gómez la observa unos instantes y, finalmente, la coge de la mano igual que algunos enamorados se entrelazan las manos para pasear. Gómez no se mueve. Por un extremo, aparece Hermana, un ser vivo espectral. Avanza hacia Gómez, arrastra agotada una pala. Se detiene a un par de metros del soldado y lo observa en silencio unos segundos antes de hablar.

HERMANA
No es tuyo ese brazo

GÓMEZ
A los once años
tuve uno igual

Pausa.

HERMANA
Viajaba escondida
en un camión
de basura
con mi hermano

GÓMEZ
Tenía uno igual
en la selva
Un brazo igual

HERMANA
Una lluvia de fuego

ha hecho estallar
el camión

Pausa.

HERMANA
No es tuyo ese brazo

GÓMEZ
La guerrilla me pagaba
con ropa y comida
Y antes de darte un arma
recibías un pedazo
de carne humana

HERMANA
Yo recibí un visado laboral
para limpiar casas en Dubái

GÓMEZ
Antes de tener un arma
me dieron un brazo
como este

HERMANA
¿Has visto a mi hermano?

GÓMEZ
Debes llevar
siempre contigo
este trozo de carne
Vivir cómo se pudre
Perder el miedo
a la muerte

HERMANA
Para que el mundo
no se deshaga
los muertos
se han de prensar fuerte
dentro de la tierra

GÓMEZ
Imagina un niño
cada noche
en la cama
abrazado a un brazo

HERMANA
Los brazos de los muertos
sostienen la tierra

GÓMEZ
Su mejor confidente
Su único amigo

HERMANA
No es tuyo ese brazo
No pienso morir de hambre
No es tuyo ese brazo

GÓMEZ
Pero ni de los amigos
te puedes fiar
Todas las noches soñaba
que el brazo me ahogaba
mientras dormía

Pausa.

HERMANA
No es tuyo ese brazo
No pienso morir de hambre
Tengo un visado laboral
Tengo del muerto su hambre
No es tuyo ese visado
Tengo el trabajo de un muerto
Ese brazo hambriento
No es tuya esta muerte
Tengo
Brazo
No

Tuyo
Pienso
Hambre
Voy
Muerte
Pausa
Ese brazo e/

La aparición de Niño, que arrastra del cuello un buitre disecado y medio carbonizado, interrumpe el discurso de Hermana.

NIÑO
¿Americano?
¡Eh, americano!
¿Te interesa un buitre?
Ya no vuela pero es un sabio

GÓMEZ
¿Qué guerra es esta?

NIÑO
Mi buitre ha estado en todas
conoce todos los muertos
Te lo dejo a buen precio

GÓMEZ
Ese buitre está muerto

HERMANA
Sería maravilloso
vivir sin cuerpo

NIÑO
Solo está muerto por fuera
el cerebro está como nuevo
¡Puede adivinar el pasado!
En Colombia
un grupo de paramilitares
asesinó a tu padre

GÓMEZ
Ya conozco mi pasado

NIÑO
Mi buitre es catedrático
de Historia Universal
y se lo sabe todo
¡Te saldrá muy barato!

HERMANA
Aquí los buitres mueren
empachados de carroña

NIÑO
Sabe datos importantes
Sabe que entre
1822 y 1866
hubo 92 guerras
y 843.233 muertos
Sabe sumar
Sabe restar
¡Es humano!

HERMANA
También se alimenta
del que pasa hambre

NIÑO
Conoce personalmente
los 20 millones de muertos
de la primera Guerra Mundial
y los 80 de la segunda
y los 406 millones
que hasta hoy
huyeron al otro mundo
¡Y atención! ¡Atención!
¡Solo mirando al cielo
te dice la hora!
¿No es una ganga?

GÓMEZ
¿Sabe qué guerra es esta?

NIÑO
Sabe lo que tarda
en descomponerse
un cuerpo

GÓMEZ
¿Dónde estamos?

NIÑO
Que la piel resiste
solo tres días

HERMANA
Después de sufrir
dengue y difteria

GÓMEZ
Todos los desiertos
me parecen el mismo
No sé dónde estamos

NIÑO
Sabe que el hígado
se disuelve
en tres semanas

HERMANA
Después de sufrir
cólera y malaria

GÓMEZ
¿En qué guerra estoy?

NIÑO
El corazón aguanta
apenas medio año

HERMANA
Y después de tanto sufrir
¿no encontraré un trabajo?

GÓMEZ
¿Dónde está tu hermano?

NIÑO
Sabe que en cinco años
se separan los huesos

HERMANA
¿Dónde está mi hermano?

GÓMEZ
¿Para qué quieres esa pala?

NIÑO
Los huesos duran siglos
y los dientes
milenios

HERMANA
Antes de cruzar la frontera
debo enterrar a mi hermano

Pausa.

GÓMEZ
Ha de ser maravilloso
estar tumbado
bajo tierra
descansando

HERMANA
Busco sus trozos esparcidos
por la explosión

GÓMEZ
No sé dónde estoy

NIÑO
Yo de mayor

GÓMEZ
quiero estar muerto
y no sufrir
ni hambre ni sed

NIÑO
ni frío ni calor
(Pausa)
Todos los desiertos
son el mismo desierto

HERMANA
Debo enterrar a mi hermano
No es tuyo ese brazo
Es de mi hermano

Pausa.

NIÑO
Te cambio mi buitre
por ese trozo de carne

HERMANA
Esa carne es mi hermano

NIÑO
Yo también quiero perder
el miedo a la muerte
Abrazarme a un brazo
para poder dormir

Pausa. Gómez no sabe a quién dar el brazo.

HERMANA
¿Ese buitre tiene carne?

NIÑO
Toda la que ha comido
en los últimos siglos

HERMANA
Quédate con el brazo
No pienso morir de hambre

Gómez le da el brazo a Niño, Niño da el buitre a Hermana y Hermana da la pala a Gómez. Pausa. Se miran.

HERMANA
Quédate con la pala
te hará falta

Hermana mira al cielo y se levanta el viento. Se aleja despacio, desplumando el buitre.

NIÑO
¿Ves, Gómez?
La humanidad
sigue funcionando

Gómez se arrodilla para ponerse a la altura de Niño.

GÓMEZ
¿Qué edad tienes realmente?

NIÑO
Once años
Millones de años
¿No sabes quién soy?

Gómez niega.

NIÑO
Era tú
Soy tú
Seré tú

Niño se marcha arrastrando el brazo. La mano abierta se resiste y grita, se agarra a la tierra mientras la araña dibujando cinco hondos surcos.

GÓMEZ
¿En qué guerra estoy?
¿Qué hago aquí?
¿Qué hago...?

Gómez mira al cielo y comienza una lenta lluvia de extremidades humanas: brazos, manos, cabezas, piernas, dedos, pies... Mira la pala. Oscuro.

FRAGMENTO 8

DICIEMBRE 2019
PLATAFORMA PETROLÍFERA EN EL GOLFO PÉRSICO
24 GRADOS

Tempestad nocturna. Las olas llegan hasta el helipuerto de la plataforma. Allá arriba, al borde del abismo, Gómez se agarra a un arma ligera completamente desnudo. La luna va pasando por diferentes fases y se resiste a ser oscurecida por las nubes.

GÓMEZ
¡Grita, viento!
¡Hasta arrancarte
todos los dientes!
Muerde antes
esta plataforma
sucia de oro negro
¡Olas en llamas
que me abrazáis
tragaos esta torre
de acero y hormigón
este insecto voraz
que perfora las tripas
del mar para succionar
el carburante infernal
que acelera este mundo!
(Lanza el fusil al agua)
Luna, trozo de leño podrido
¿Por qué me has abandonado?
¿Dónde están ahora tus voces
en este desierto de agua?
¡Peces! ¿Me oís?
Seré vuestra cena hoy
la última noche del año
¡Arrancadme la piel!
¡Triturad mis huesos
hasta convertirlos
en combustible fósil!
¡Hacedme desaparecer
deprisa de este mundo!

Antes de arrepentirme
de haber perdido
por solo un segundo
el miedo a la muerte
(Mira al cielo sorprendido)
¿Qué son esas hogueras
que encienden el cielo?
¿Qué me hacéis en los ojos
que veo resurgir verdes
de estas aguas oscuras
los bosques quemados?
¡Veo el nacimiento del mundo!
¡El primer día del universo!
¡Árboles, hermanos del alma
abrazadme con las ramas
acariciadme con las hojas!
¡Naturaleza, soy tu hijo!
Que regresen todas las aves
y que con sus alas espanten
este negro humo que respiro
Que regresen las estaciones
los ciclos naturales de la vida
Que escampe esta muerte
esta lenta lluvia de cuerpos
que inunda mi mente
Que echen raíces
para poder ver florecer
un mundo nuevo
(Se arrodilla)
¡Oh, luces cegadoras
que hacéis arder el cielo!
Quiero pediros perdón
por dedicar mi vida
a defender la industria
La pesada y la ligera
La militar y la química
La del transporte y la minera
La turística y la farmacéutica
La sexual y la siderúrgica
La cultural y la cárnica
La de la fe y la energética

La industria de las tripas
los riñones y los corazones
Las industrias de la muerte
¡Llorad mercaderes llorad!
¡Que se hundan las ventas
de vuestras mercancías
en este mundo nuevo
sin industrias!
¡No existe la violencia
entre los árboles!
Todo lo que tocan
lo transforman en vida
(Pausa)
¡Naturaleza
devora la industria!

Sonido como de un árbol a punto de caer, pero metálico. Gómez se levanta.

¡Por fin el viento ha decidido
abatir esta plataforma!
¡La olas ya me han oxidado
hasta la última gota de sangre!
¡Esta será mi última huida!
¡Llegó mi hora!
¡Que el mar abra su boca!

Gómez cierra los ojos, preparado para morir. Entonces, el viento y el mar se calman. La luna está llena. Silencio.

Cuando pasas un infierno
todavía hay otro
más abajo
¿Ni siquiera una buena tempestad
es capaz de limpiar la sangre
agarrada a mis manos?
(Mueve molesto las manos)
¿Tendré que quitarme yo mismo
la vida?
(Pausa)
Gómez, un cadáver

ha de seguir su camino
date el baño final
casi no te queda aliento
esto es todo
lo que has respirado

Hace un intento de lanzarse, pero se arrepiente. Cae de rodillas, acobardado.

¿Es que no sé morir?
¿Es que no sé morir?
¿Es que no sé morir?
¿Es que no sé...

Se oye un helicóptero y Gómez es iluminado por un foco. El soldado, cegado, mira al cielo.

VOZ ALTAVOZ
¡Gómez, feliz año!
¡Feliz 2020!
(Pausa)
Tu misión de vigilancia
en esta plataforma
ha terminado
A partir de ahora
esta tarea
la hará un dron

GÓMEZ
(*Sonriendo con los brazos en cruz)*
¿Estoy despedido?

VOZ ALTAVOZ
Aún no
(Baja una escalera de cuerda del cielo)
¡Sube!
Tienes que hacer un último trabajo

GÓMEZ
¿Dónde?

VOZ ALTAVOZ
¡A la selva!
¡Vuelves a la selva, Gómez!
¡A tu selva!
¡A tu selva!
¡A tu selva!
¡A tu selva!
¡A tu selva!
¡A tu selva!
¡A tu selva!

Gómez asciende feliz por la escalera. El helicóptero se aleja hasta el silencio absoluto. Unos segundos después, un dron baja del cielo y permanece suspendido. Nos vigila un rato en silencio. Solo se escucha el sonido de sus aspas diminutas. Oscuro.

FRAGMENTO 9

ENERO 2020. SELVA COLOMBIANA
28 GRADOS

Noche cerrada y húmeda sin luna. Se acerca un helicóptero y del cielo cae desenrollándose una escalera de cuerdas. Gómez baja lentamente por ella, viste una camisa verde, va en calzoncillos y descalzo. Carga una escopeta de caza a la espalda y sostiene un farol de camping con los dientes. Cuando toca tierra, la escalera desaparece y el helicóptero se aleja. Silencio.

Gómez coge el farol con la mano y explora lo que le rodea. Está en pie y de perfil, rodeado de una isla de hierba iluminada por la luz del farol. A su alrededor, todo es oscuridad. Cada cierto tiempo, se oye el grito de auxilio de algún animal. Gómez deja perder su mirada en la hierba. Se queda bastante tiempo así, inmóvil, vegetal.

VOCES
¿Gómez?
(Pausa)
¿Gómez?
No te hagas el loco
Gómez
(Pausa)
¿Hijo?
(Pausa)
¿Hijo mío?
Hijo m/
¡Basta!
Deja de imitar
la voz de su madre
Ya no funciona
(Todas a la vez)
¡Gómez!

GÓMEZ
¿Ya estáis aquí otra vez?
Dejadme en paz

VOCES
No eres el más indicado
Para hablar
De paz

GÓMEZ
Solo hago mi trabajo

VOCES
Tampoco eres
El más indicado
Para hablar
De trabajo

Gómez levanta el farol y pierde ahora la mirada hacia el cielo.

VOCES
Matar un animal pacífico
Un animal en extinción
No es trabajar

GÓMEZ
En extinción
estamos todos

VOCES
La madre cóndor
No tiene la culpa
De haber anidado
En una torre
De alta tensión

GÓMEZ
La luz debe llegar
por fin
a mi pueblo

La luz del farol parpadea. Gómez mira a su alrededor.

VOCES
Tu pueblo no necesita
Luz eléctrica
Necesita luz interior
Para poder hacer
La revolución
Tu pueblo decidió
No matar
El cóndor andino
Por que necesita
el cielo lleno
de cóndores
que devoren la carroña
del mundo
(Todas a la vez)
¡Salvemos el cóndor andino!

El farol se apaga. Pausa. Se vuelve a encender y Gómez mira al frente.

GÓMEZ
¿Por qué no os marcháis
a otra cabeza?

Silencio. Gómez vuelve a acercar el farol a la hierba, como si buscara algo. Está un buen rato.

VOCES
Uf, aquí se nos hará de día
La madre cóndor no vendrá
¿Puedes dejar de temblar?
Das pena

GÓMEZ
Es la tierra
Se mueve

VOCES
Al vientre de esta selva
No le queda una gota
De petróleo

Hay un vacío enorme
Aquí abajo
Cuevas inmensas
Se fracturan
Y crujen

GÓMEZ
Hay un vacío enorme
en el mundo
A veces sueño
que dibujo animales
en las cuevas

VOCES
El cóndor es un mensajero
De los dioses
Y estás cagado de miedo

GÓMEZ
Ya no me da miedo nada
(Ve una luz en el cielo y se asusta)
¿Habéis visto esa luz?

VOCES
¿Cuál?
Yo no he visto nada
¿Dónde?

GÓMEZ
¡En el cielo!
¡Son las mismas hogueras
de otras noches!

Pausa. Gómez mira al cielo como si buscara algo.

VOCES
Con un poco de suerte
Esta noche serás abducido
Por una inteligencia
superior
(Pausa)

O por la madre de la cría
Que duerme en el nido
De la torre de tensión
Un cóndor andino
Es capaz de elevar
Una vaca preñada

GÓMEZ
No debería haber hecho el nido
en una torre de alta tensión

VOCES
Hace mucho que los árboles
Huyeron para no morir
Talados o quemados

GÓMEZ
El cóndor anida
En las cuevas
de los barrancos

Se oye a la cría del cóndor graznar. Gómez se gira hacia la torre.

VOCES
Ooooooooh
Se ha despertado
Llama a su madre
Tendrá hambre, cosita
Tú también llamabas
A tu madre de noche

GÓMEZ
La madre está haciendo tiempo
Ya sabe que estoy aquí
los colibríes le habrán avisado
las aves hablan entre ellas
igual que los árboles
se abrazan por las raíces
Pero vendrá
solo pueden tener hijos
cada dos años

VOCES
La verdad
Follan poco
Solo queda
Medio centenar
Ningún cazador de tu pueblo
Ha aceptado asesinar
Al cóndor y a su cría

GÓMEZ
Cuando tengan luz
me lo agradecerán

VOCES
Deja al cóndor en paz
¡Vuelve a la guerrilla!

GÓMEZ
Ahora solo aceptan
narcotraficantes y niños

VOCES
(Todas a la vez)
¡Salvemos al cóndor andino!
¡Salvemos al cóndor andino!
¡Salvemos al cóndor andino!

GÓMEZ
¡Callad!
(Vuelve a acercar el farol a la hierba)
La tierra tiembla

La luz del farol parpadea de nuevo. Gómez lo golpea y se apaga. Por unos segundos, el mercenario permanece a oscuras. El graznido de la cría cóndor aumenta.

VOCES
¡Mira qué noche!
Está preciosa
Noche sin luna
Qué paz

Sin estrellas
¿Por qué no te vas a dormir?

La luz del farol regresa y la cría deja de graznar. Gómez mira al cielo.

GÓMEZ
¡Madre!
(Pausa)
¡Mamá!

Silencio.

VOCES
No te hará ni caso
Sabe que la quieres matar
(Todas a la vez)
¡Salvemos al cóndor andino!
¡Salvemos al cóndor andino!
¡Salvemos al cóndor andino!

GÓMEZ
¡Basta!

VOCES
Solo tratamos
De imponerte
La paz

GÓMEZ
La paz

VOCES
Cuando un cóndor
Se cansa de vivir
Pliega las alas
Y se deja caer
Al vacío
Así la carroña
Vuelve a la carroña

GÓMEZ
(Cae de rodillas y palpa la hierba)
Todo tiembla aquí debajo
(Pone la oreja en la tierra)
¿Por qué esta noche
se oyen dos corazones?
(Alza la vista hacia el cielo, feliz)
La Tierra está a punto
de parir otro mundo
¡La Tierra está a punto
de parir otro mundo!
La Tierra está a punto
de /

A lo lejos, se oye el graznido ronco de la madre cóndor. Gómez se incorpora sin dejar de mirar al cielo. Alza el farol y sonríe. El graznido se escucha cada vez más cerca. Gómez se quita la escopeta de caza que le cuelga del hombro y la deja caer al suelo. El aleteo de unas alas enormes se mezcla con un graznido que va en aumento. Gómez deja el farol en tierra, abre los brazos en cruz. El graznido es ensordecedor, monstruoso. Cuando Gómez cierra los ojos... Oscuro. Y silencio.

XAVIER PUCHADES (Valencia, 1973)

Doctor en Filología Hispánica, especializado en teatro moderno y contemporáneo. En su labor investigadora destacan proyectos como la edición de la revista *Stichomythia*, junto a Josep Lluís Sirera y la colección de textos dramáticos *Arts Theatrica Contemporània* (Universitat de València, 1999-05); la base de datos de autoría contemporánea *Dramatea* (Institut Valencià de Cultura 2015-24); o la dirección de las publicaciones *VOCES* y *Cuadernos de Dramaturgia* (VIVA) (2022-24), para la Muestra de Teatro Español de Autores Contemporáneos Guillermo Heras, donde ha ejercido también como asesor y coordinador de contenidos y formación. Como docente ha impartido clases de Historia del Teatro en la Universitat de València y de Dramaturgia en escuelas de interpretación como la Escuela Off o la Escuela del Actor. Actualmente, es profesor especialista de dirección en la ESAD de València.

Como autor dramático, destacan piezas como *Desaparecer* (Premio Marqués de Bradomín, 1998), *Àcars* (Premi Max Aub de les Arts Escèniques de la Generalitat Valenciana, 2005), *Desidia* (2006), *Éxit (abans de les eleccions)* (2015), *Saqueig* (Premi Ciutat d'Alzira 2016 i de la Crítica dels escriptors Valencians 2017); *Indústria* (Laboratori de Dramatúrgia Insula Dramataria Josep Lluís Sirera, 2020) o *La generosidad* (Premio Internacional LAM-SGAE, 2024). Así como obras compartidas como *Escoptofilia* (Mejor espectáculo teatral de la Crítica Valenciana, 2000), *Morir debería ser tan simple como perder el equilibrio* (Mejor texto dramático de la Crítica Valenciana, 2002), *Zero Responsables* (Premio AAPV a la mejor aportación teatral, 2010), *Valèntia* (2012), *I tornarem a sopar al carrer* (2017), *Els Nostres* (Premio de la Crítica dels escriptors Valencians, 2020), o la pieza de circo *El desig d'estar junts* (2020).

Ha participado como director y/o dramaturgo en proyectos de danza con La Coja Dansa, *Sospechosos* (2015); La Siamesa -colectivo del que forma parte- en *A-normal o la oveja errante* (2017), *SC Santa Cultura* (2019) y *Mata Baja. Debajo del sudor hay personas* (2024); Cia. Ladyfunta, *La rebelión de las mariposas* (2020) y *Ací el meu cos* (2022); Mou Dansa, *Drap* (2018) y *#outFit* (2019); Wako Danza, *Hellouses y Goobyeses* (2024) y *Cos & tacte* (2024); Titoyaya Dansa, *Bandejats* (2018), *Social Animal* (2019), *Soledad* (Mejor espectáculo de danza en los Premis de les Arts Escèniques de la Generalitat Valenciana, 2021) o *El Público* (2022). Esta última para el Institut Valencià de Cultura, entidad donde ha trabajado también como dramaturgo y/o ayudante de dirección en producciones como *Faust* (2018), *Alexandria* (2018), *En la oscuridad, todo se mueve* (2023) y *Verde casi negro* (2023).

Como director de escena, ha estrenado obras de autoría internacional: Sarah Kane (*Ansia*, 2008), Javier Daulte (*Bésame mucho*, 2007 - *Gore*, 2014), Rafael Spregelburd (*El pánico*, 2009 - *Lúcid*, 2013) o Guillermo Calderón (*Classe*, 2018). Y textos de autoría contemporánea valenciana escritos por Pedro Montalbán-Kroebel, Tadeus Calinca, Josep Lluís Sirera, Sònia Alejo, Mafalda Bellido, Maribel Bayona o Paco Romeu. Desde 2005, como guionista, ha escrito para diversos formatos de ficción.